KERRY LORD

EDWARDS MINI-TIERPARADE
BAUERNHOF

25 kleine Häkelfreunde zum Liebhaben

#edsanimals

INHALT

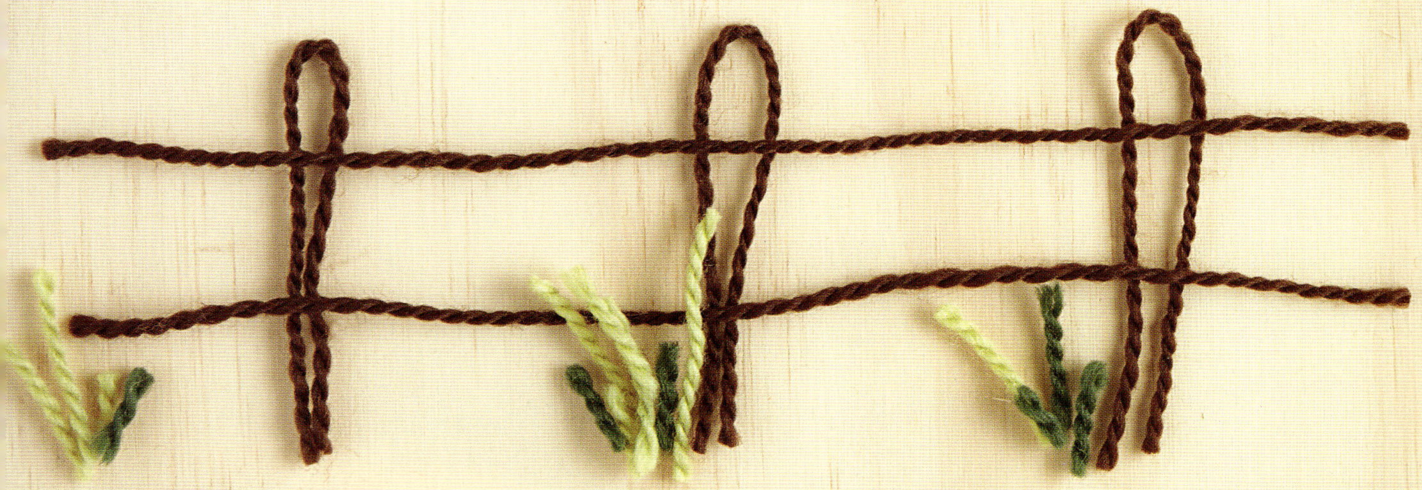

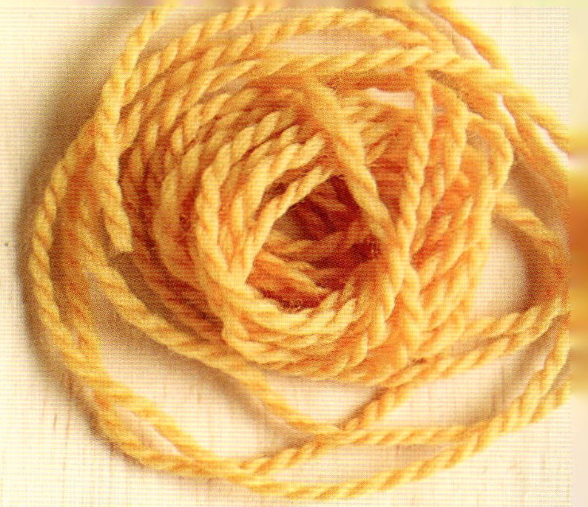

PROJEKTE

VORWORT

Ich habe dieses Buch für alle geschrieben, die das Häkeln lernen wollen. Aber ich hoffe, dass auch Geübte ihren Spaß daran haben werden. Ich bin überzeugt, dass man das Häkeln leichter lernt, wenn man von Anfang an ein klares Projekt im Kopf hat. Und wenn es dann fertig ist, kann man zufrieden und stolz sein. An den kleinen Häkeltieren in diesem Buch können Sie viele Grundtechniken lernen, aber es finden sich auch einige, für die anspruchsvollere Techniken notwendig sind und die etwas mehr Übung erfordern.

Ich habe mithilfe eines Videos gelernt, feste Maschen zu häkeln. Anfangs war ich etwas unbeholfen mit Garn und Häkelnadel, aber schon nach wenigen Stunden fand ich meine eigene Art, Garn und Nadel zu halten und die Maschen zu arbeiten. Dabei habe ich entdeckt, wie viel Spaß man mit dieser einfachen Handarbeitstechnik haben kann. In dieses Buch sind die Erfahrungen eingeflossen, die ich in den letzten acht Jahren beim Häkeln und beim Unterrichten sammeln konnte. Die Vorstellung, dass ich durch Edwards Tierwelt nicht nur Tausenden von Menschen in Workshops und Veranstaltungen das Häkeln persönlich beibringen konnte, sondern auch Millionen von Menschen weltweit mit all meinen Büchern und TOFT-Videotutorials inspiriert habe, macht mich stolz und glücklich. Ich bin sehr froh darüber, dass ich die Freude, die ich selbst am Häkeln habe, mit so vielen Menschen teilen kann.

Vor 14 Jahren habe ich die Firma TOFT gegründet. Ich hatte damals keine Ahnung, wohin sich die Sache entwickeln würde, aber wir hatten von Anfang an den Wunsch, unsere Begeisterung fürs Handarbeiten an möglichst viele Menschen weiterzugeben und originelle Produkte herzustellen, die andere Menschen inspirieren. Wir haben uns auf hochwertige Naturfasergarne und langlebige Werkzeuge spezialisiert, die man einfach gern in den Händen hält, um damit nicht nur schöne Ergebnisse zu erzielen, sondern jeden Moment der Handarbeit zu genießen.

Sie finden in diesem Buch typische Bauernhoftiere, aber auch einige, denen ein Bauer möglicherweise begegnet, wenn er auf seinen Feldern und Weiden unterwegs ist. Ich hoffe, Sie haben Spaß an der Auswahl, und vielleicht bekommen Sie ja sogar Lust, einen ganzen Bauernhof zu häkeln. In dieser Buchserie gibt es drei weitere Titel, die wilde Tiere, Meeresbewohner und Haustiere zum Thema haben. Wenn Sie bereits ein Schaf oder Huhn gehäkelt haben, könnte es also mit einem Tiger oder Goldfisch gleich weitergehen.

Für mich ist Häkeln ein guter Ausgleich zur Alltagshektik. Es gibt mir die Möglichkeit, nach einem langen Tag noch etwas Kreatives zu tun – und das ohne großen Aufwand. Die kleinen Tiere sind schnell fertig, man braucht wenig Material, und sie eignen sich prima zum Verschenken. Am Anfang geht es vielleicht etwas langsamer, aber mit etwas Übung sind viele der Figuren an einem Abend zu schaffen. Also schnappen Sie sich Garn und Häkelnadel und nehmen Sie sich ein paar Stunden Zeit zum entspannten Häkeln. Ein bisschen Konzentration ist notwendig, aber dafür wird man durch die niedlichen Ergebnisse allemal entschädigt.

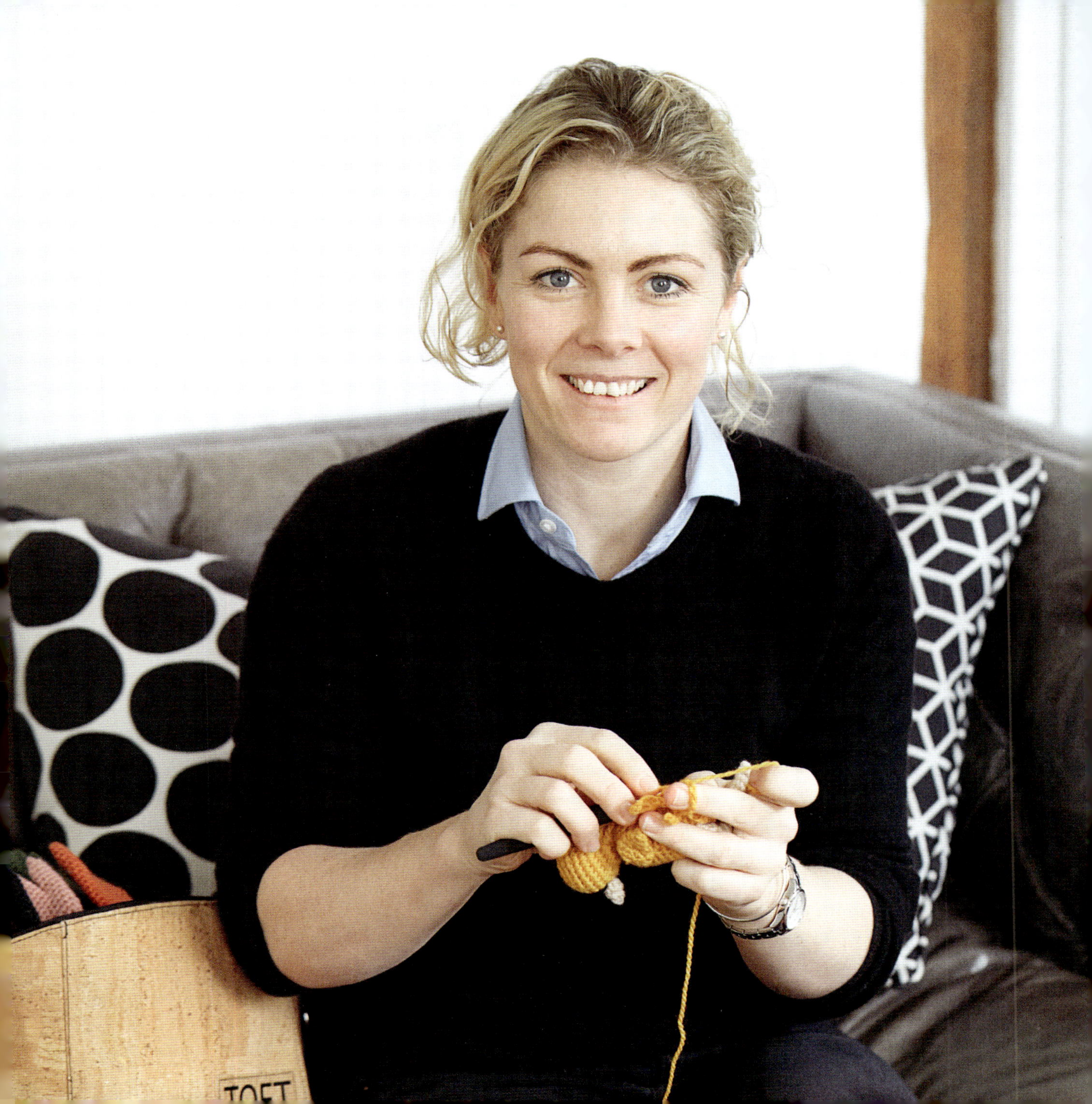
TOFT

ÜBER DIESES BUCH

Die Projekte in diesem Buch sind nach Schwierigkeitsgrad geordnet. Besondere Techniken werden dort erklärt, wo sie benötigt werden.

Wer das Häkeln gerade erst lernt, sollte das Buch von vorn nach hinten durchblättern, alle Tipps lesen und einige der Übungen ausprobieren, um etwas Übung mit der Haltung von Garn und Nadeln zu bekommen. Danach kann mit der ersten Figur begonnen werden. Die Vorgehensweise für die verschiedenen Häkelmaschen wird ab Seite 14 genauer erklärt.

Wer bereits Übung im Häkeln hat, kann nach Lust und Laune im Buch springen und sich seine Lieblingsfiguren aussuchen. Falls Ihnen einmal eine Abkürzung oder Technik begegnet, die Sie nicht kennen, schauen Sie einfach im Register auf Seite 109 nach, auf welcher Seite die Arbeitsweise genau erklärt wird.

Das Ausstopfen und Zusammennähen etwa wird auf Seite 23 erklärt und gilt für alle Figuren, sofern nichts anderes angegeben ist. Wenn die letzte Runde eines Teils gehäkelt ist, wird der Faden meist durch die letzte Masche gezogen (siehe Seite 16). Falls einmal anders vorgegangen wird, finden Sie in der Anleitung einen Hinweis dazu.

TOFT

Alle Figuren in diesem Buch werden mit reiner Wolle von TOFT und einer Häkelnadel Nr. 3 gehäkelt und später mit reiner Wolle ausgestopft. Als Gründerin von TOFT beschäftige ich mich seit 14 Jahren mit Auswahl, Design und Herstellung von hochwertigen Handarbeitsgarnen. Die Garne bestehen aus Naturfasern in Spitzenqualität und werden nach meinen Vorgaben und Spezifikationen in Großbritannien produziert. Mit diesen Garnen fallen die Häkeltiere weich und geschmeidig aus, aber das Maschenwerk ist dennoch so dicht, dass das Füllmaterial nicht durchscheint.

Hochwertiges Garn aus Naturfasern ist nicht nur gut für die Umwelt, es garantiert auch, dass die Häkeltiere so herrlich kuschelweich wie echte Schafe sind. Und das Häkeln ist Masche für Masche ein Vergnügen.

TOFT hat seinen Sitz in der englischen Grafschaft Warwickshire. Unserem Team ist es ein Vergnügen, gerade Anfängern bei Fragen weiterzuhelfen. Außer hochwertigen Garnen umfasst das Angebot auch Werkzeug, Zubehör, Videos sowie Komplettsets für verschiedene Tiere.
www.toftuk.com

WICHTIGE WERKZEUGE

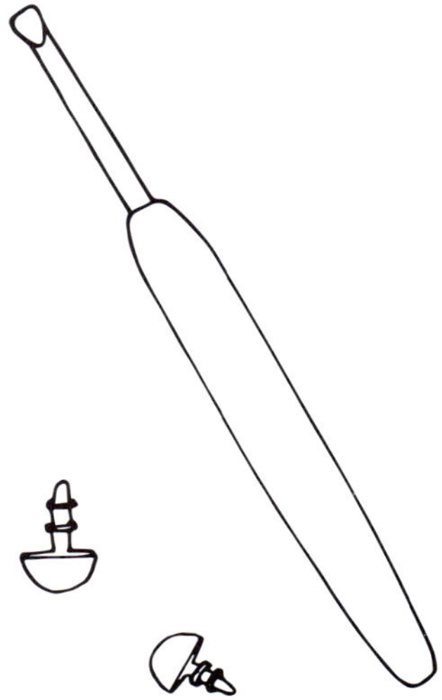

HÄKELNADEL
in einer Stärke, die zum Garn und zur Maschenprobe passt (siehe auch Seite 11). Ich empfehle eine Soft–Grip-Häkelnadel, auf der das Garn besonders gut gleitet. Sie wird auch verwendet, um das Füllmaterial durch kleine Öffnungen in die Figuren zu stopfen.

MARKIERUNGSFADEN
Markierungen finde ich beim Häkeln außerordentlich hilfreich. Ich verwende dafür einen etwa 15 cm langen Faden in einer Kontrastfarbe, den ich nach Ende der zweiten Runde einfüge. Wenn Sie nach Beendigung der nächsten Runde wieder an den Markierungsfaden kommen, legen Sie ihn zwischen den Maschen nach vorn. Nach der folgenden Runde wird er nach hinten gelegt, und immer so weiter. Damit ist der Rundenanfang gut gekennzeichnet. Und wenn Sie einmal mitten in der Runde den Überblick verlieren, brauchen Sie nur die Maschen ab Markierungsfaden zu zählen. Sobald das Teil fertig ist, ziehen Sie den Faden einfach heraus.

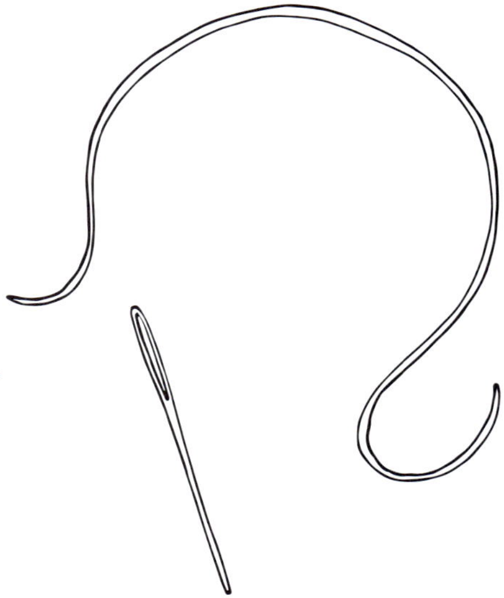

SCHERE
Eine scharfe Schere wird benötigt, um nach dem Zusammennähen die Fadenenden abzuschneiden.

FÜLLMATERIAL
Tiere, die mit Polyesterfüllwatte ausgestopft sind, können problemlos im Schonwaschgang in der Waschmaschine gewaschen werden. Füllwatte aus Naturfasern kann auch verwendet werden.

NÄHNADEL
mit einem Nadelöhr, das groß genug für Ihr Häkelgarn ist.

KONTRASTFARBIGES GARN ODER SICHERHEITSAUGEN
Ich sticke Augen und Nasen immer mit schwarzem Garn auf. Falls Sie Sicherheitsaugen bevorzugen, müssen sie vor dem Ausstopfen angebracht werden und sind für Kinder unter fünf Jahren nicht geeignet.

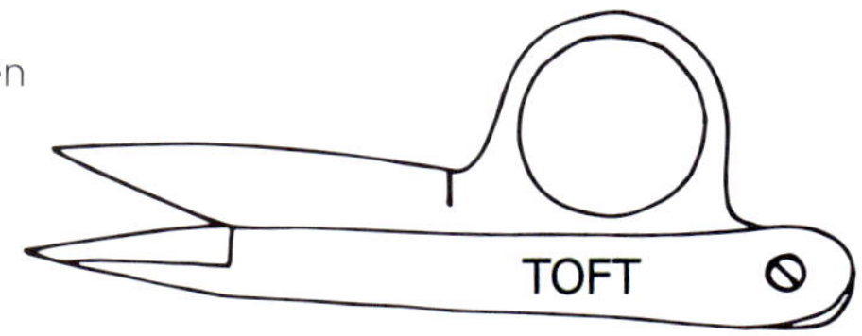

GUT ZU HABEN

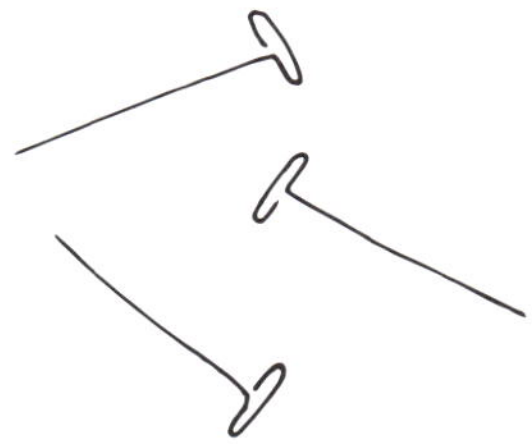

REIHENZÄHLER

Ein Reihenzähler ist hilfreich für alle, die noch nie nach Anleitung gehäkelt haben. Alternativ können Sie die Stelle in der Anleitung, an der Sie gerade sind, auch im Buch markieren.

HANDARBEITSTASCHE

In einer Tasche ist die Arbeit mit allem Zubehör gut und griffbereit verstaut, und man kann sie leicht mitnehmen, um beispielsweise in der U-Bahn oder in der Mittagspause ein paar Runden zu häkeln.

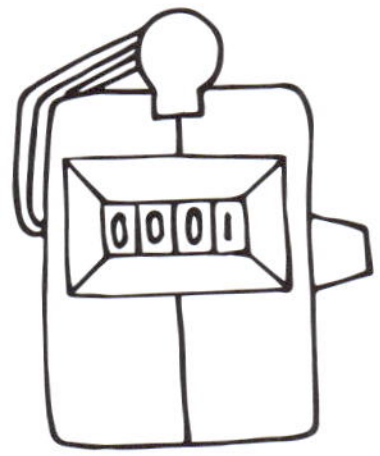

STECKNADELN

Wer noch nie dreidimensionale Figuren aus mehreren Teilen gehäkelt hat, möchte sie vielleicht vor dem Zusammennähen mit Nadeln zusammenstecken, um sicher zu sein, dass alles am richtigen Platz sitzt.

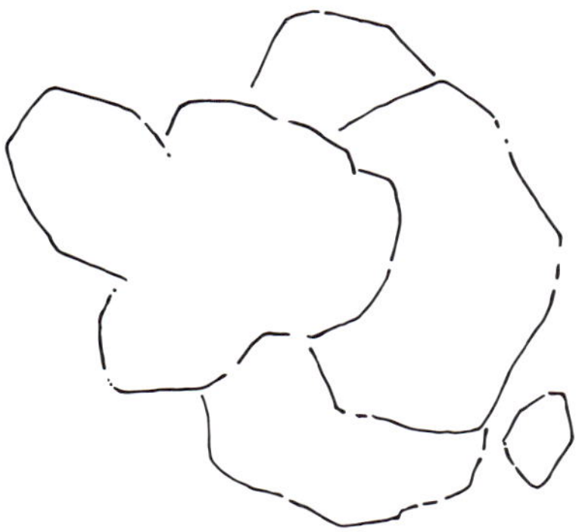

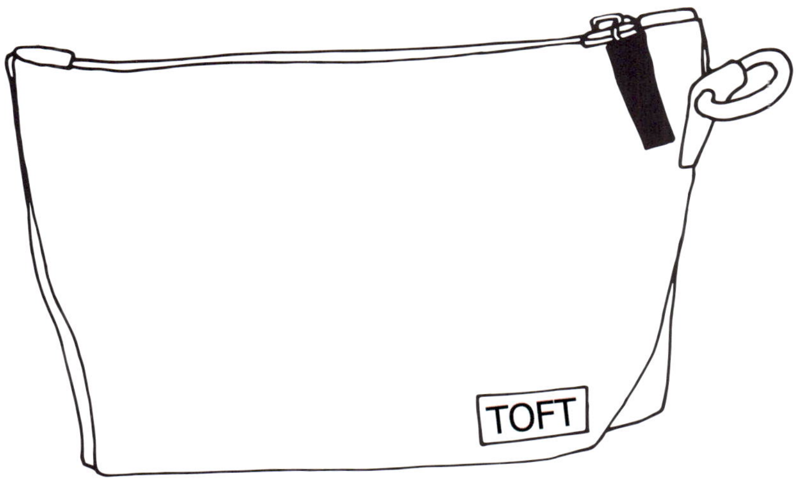

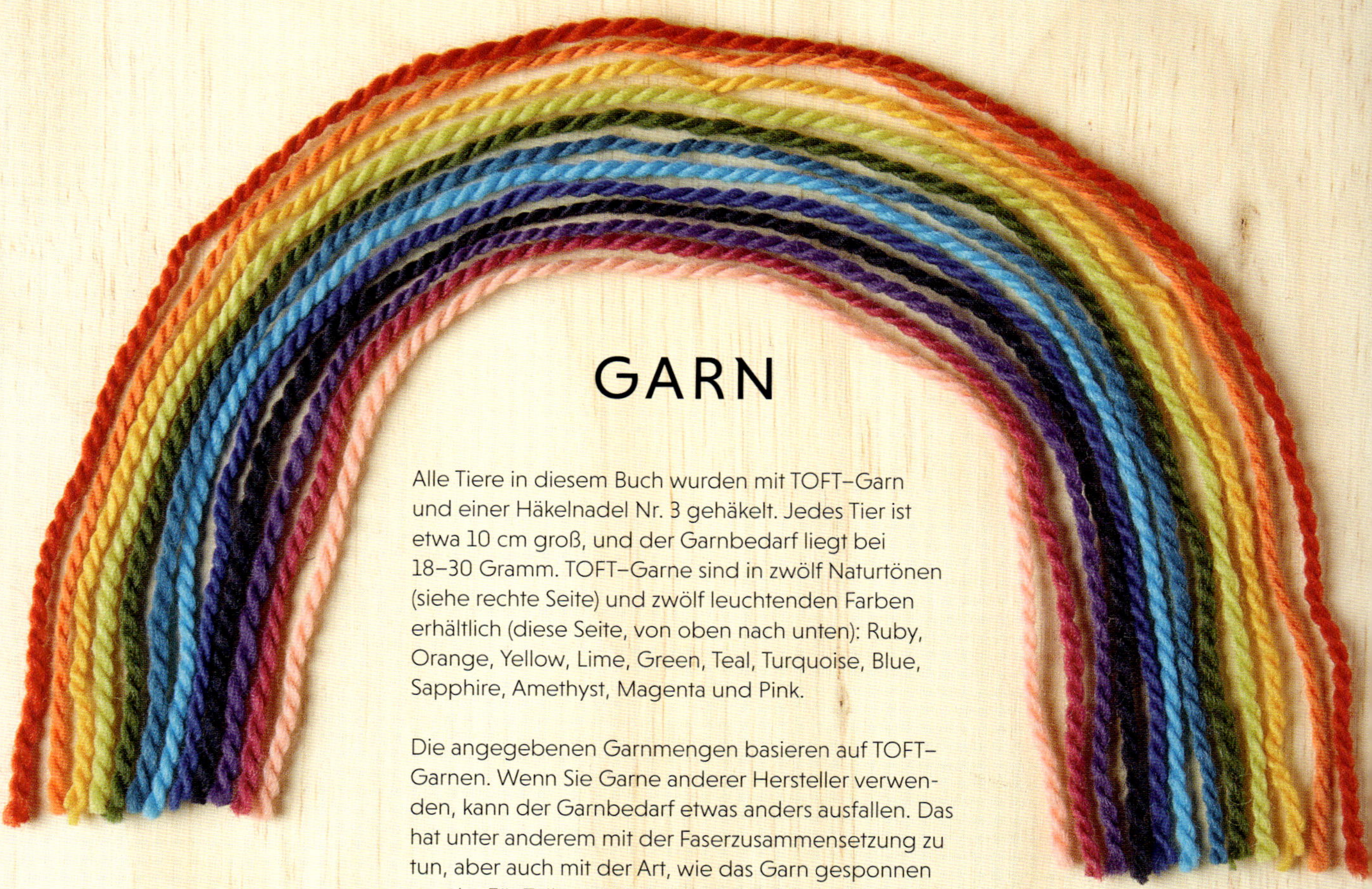

GARN

Alle Tiere in diesem Buch wurden mit TOFT-Garn und einer Häkelnadel Nr. 3 gehäkelt. Jedes Tier ist etwa 10 cm groß, und der Garnbedarf liegt bei 18–30 Gramm. TOFT-Garne sind in zwölf Naturtönen (siehe rechte Seite) und zwölf leuchtenden Farben erhältlich (diese Seite, von oben nach unten): Ruby, Orange, Yellow, Lime, Green, Teal, Turquoise, Blue, Sapphire, Amethyst, Magenta und Pink.

Die angegebenen Garnmengen basieren auf TOFT-Garnen. Wenn Sie Garne anderer Hersteller verwenden, kann der Garnbedarf etwas anders ausfallen. Das hat unter anderem mit der Faserzusammensetzung zu tun, aber auch mit der Art, wie das Garn gesponnen wurde. Für Teile mit Schlaufenmaschen müssen Sie einen deutlich höheren Garnverbrauch einplanen, kaufen Sie also nicht zu wenig Garn.

MASCHENPROBE

Falls Ihre Häkelarbeit kleine Löcher aufweist, ist sie zu locker. Versuchen Sie es in diesem Fall mit der nächstkleineren Häkelnadelstärke. Ist das Maschenwerk zu fest (und steif), nehmen Sie entsprechend eine etwas dickere Häkelnadel. Die Beine auf dieser Seite wurden mit TOFT–Garn und einer Häkelnadel Nr. 3 gearbeitet. Die Standardmaschenprobe für dieses Garn:
3 x 3 cm = 6 Maschen x 7 Runden

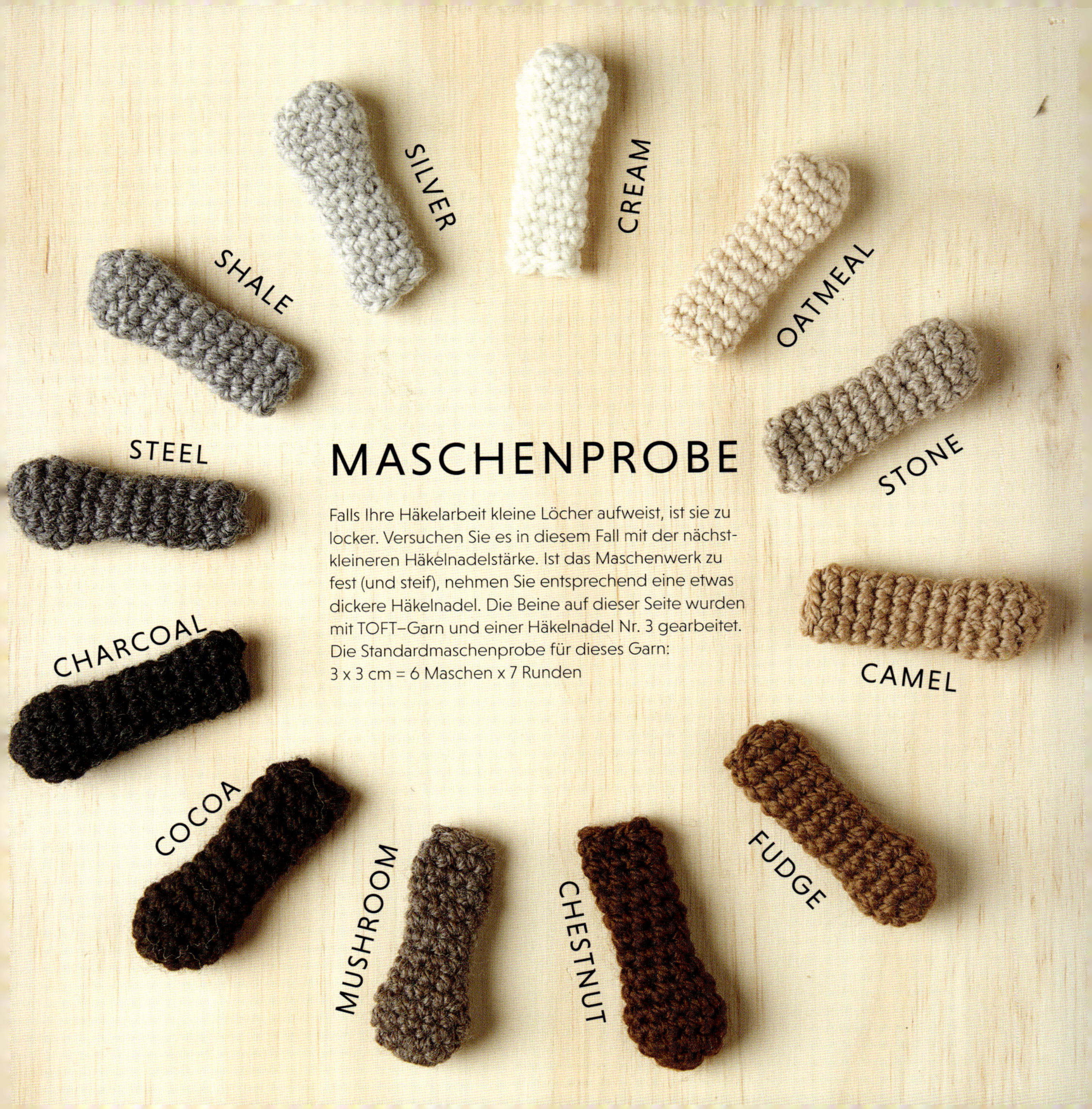

NADELHALTUNG

Es gibt zwei Möglichkeiten, die Häkelnadel zu halten: entweder wie ein Messer oder wie einen Stift. Absolute Anfänger kommen oft mit der Messerhaltung besser zurecht, weil sich damit die Fadenspannung besser kontrollieren lässt. Wer die Stifthaltung bereits verwendet, sollte dabei bleiben. Selbst innerhalb dieser beiden Grundhaltungen gibt es noch verschiedene Varianten. Es gibt keine richtige oder falsche Art, die Nadel zu halten. Wählen Sie einfach die Haltung, die Ihnen am angenehmsten ist.

Messerhaltung

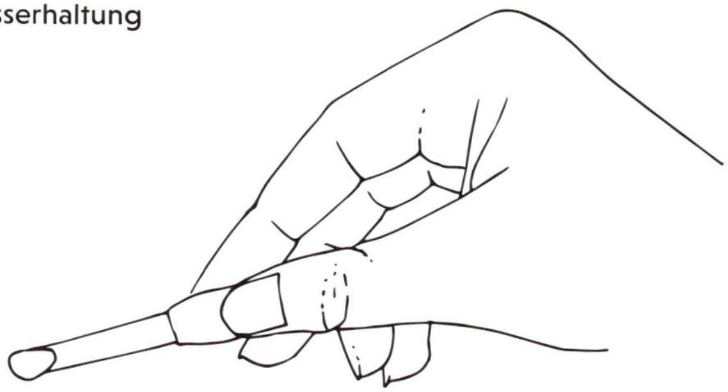

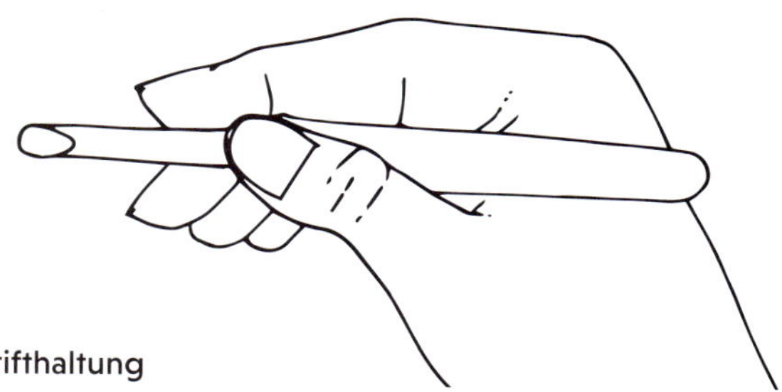

Stifthaltung

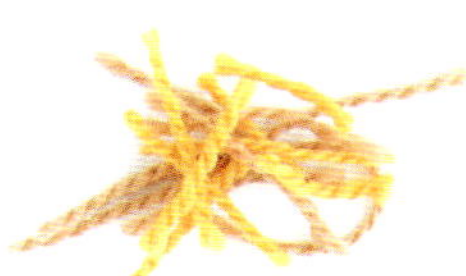

GARNHALTUNG

Ich habe den Eindruck, dass jeder das Garn ein bisschen anders hält, darum sind diese Abbildungen nur als grobe Orientierung gedacht. Probieren Sie aus, wie es Ihnen am angenehmsten ist. Verändern Sie die Handhaltung nur, wenn Sie meinen, dass die Garnhaltung ein Problem verursacht. Der Faden sollte über den Zeigefinger laufen, damit er unter leichter Spannung steht, sonst können die Maschen zu locker ausfallen. Andererseits darf der Faden auch nicht zu straff gespannt sein, denn sonst wird das Häkeln mühsam (und macht keinen Spaß) und die Maschen werden zu fest.

Linkshänder brauchen beim Nacharbeiten der Figuren in diesem Buch keine weiteren Besonderheiten zu berücksichtigen.

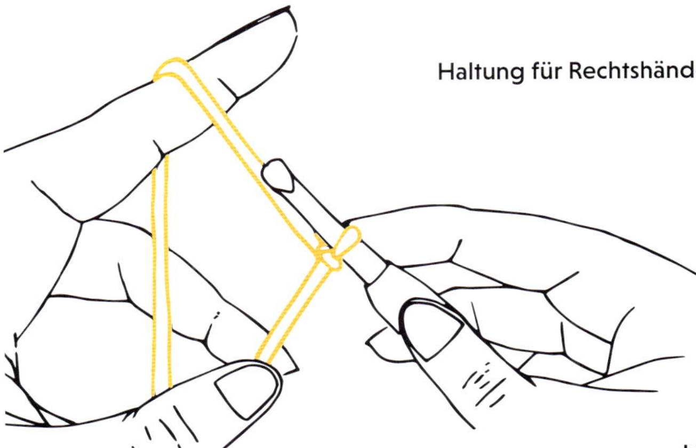

Haltung für Rechtshänder

Haltung für Linkshänder

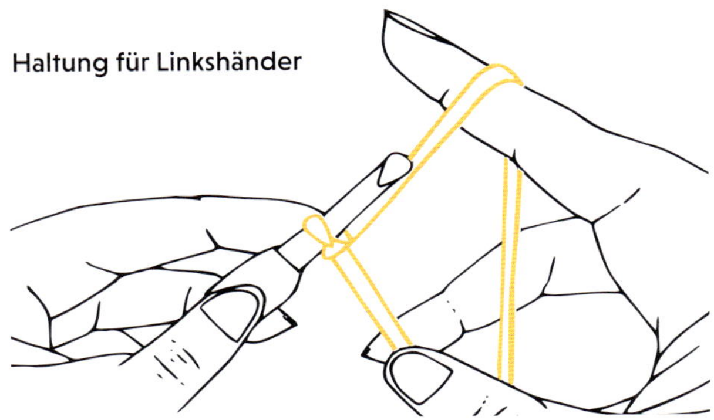

HÄKELN LERNEN

Um die Nadel- und Garnhaltung zu üben, sollten Sie zuerst eine lange Luftmaschenkette häkeln. Dabei bekommen Sie ein Gefühl für die Haltung und die Koordination der beiden Hände. Wenn Ihnen die Luftmaschenkette gut von der Hand geht und die Garnspannung stimmt, kann es weitergehen.

ANFANGSSCHLINGE

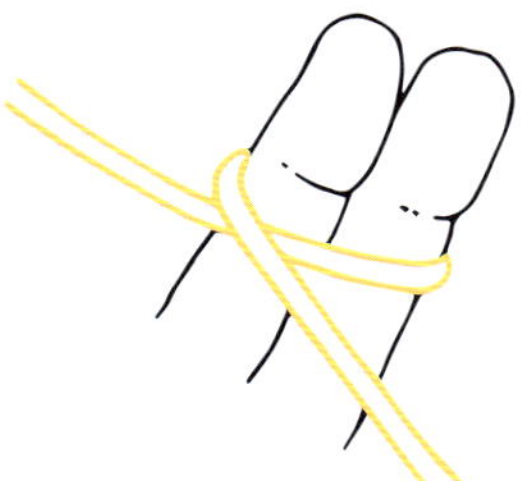

1 Den Faden um zwei Finger legen.

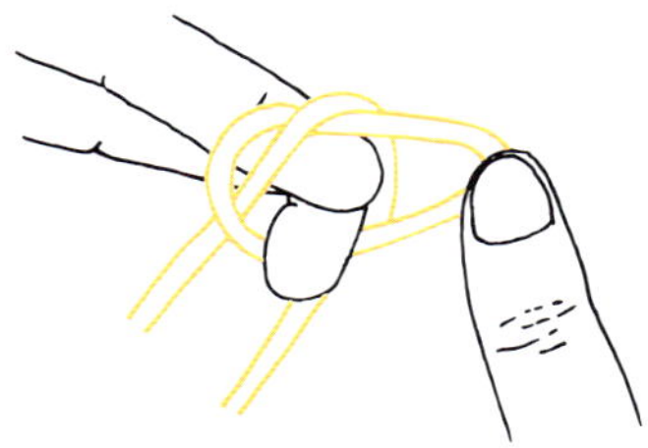

2 Mit dem Fadenende eine Schlinge bilden und unter der Wicklung durchziehen.

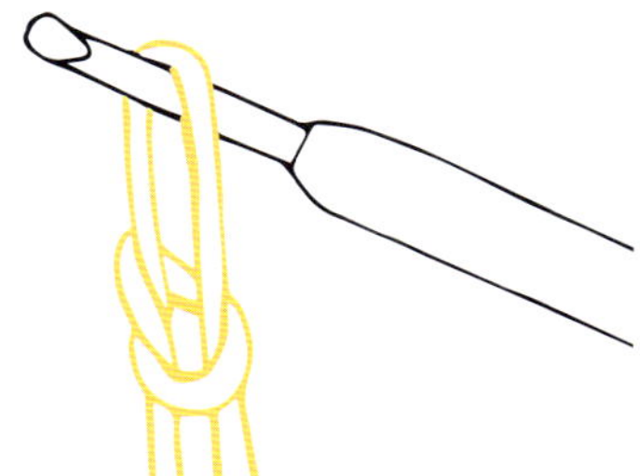

3 Die Häkelnadel in die Schlinge stecken, dann am Fadenende (nicht dem Faden, der zum Knäuel führt) ziehen, um die Schlinge weiter zu schließen.

LUFTMASCHE (Lm)

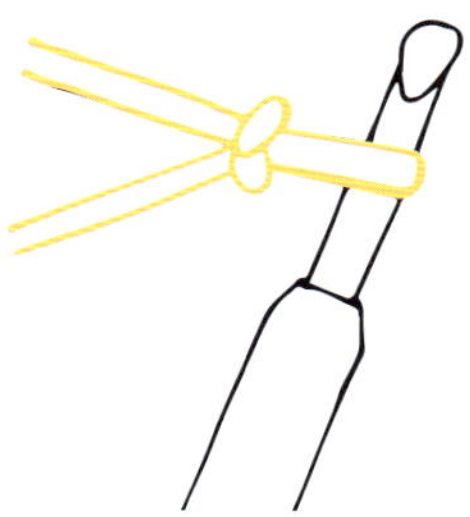

1 Eine Anfangsschlinge bilden.

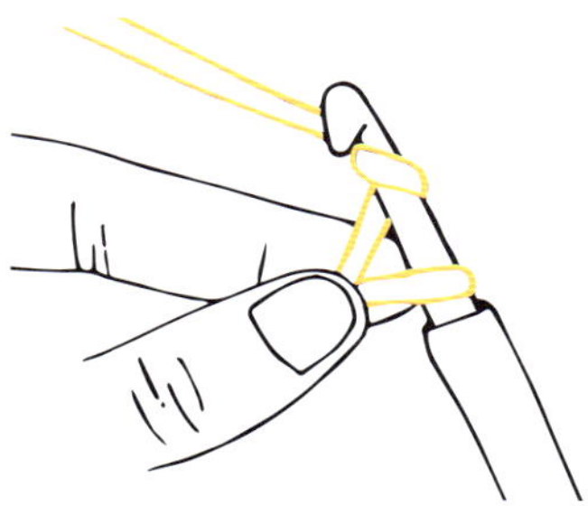

2 Den Arbeitsfaden mit der Häkelnadel erfassen und durch die Schlaufe ziehen.

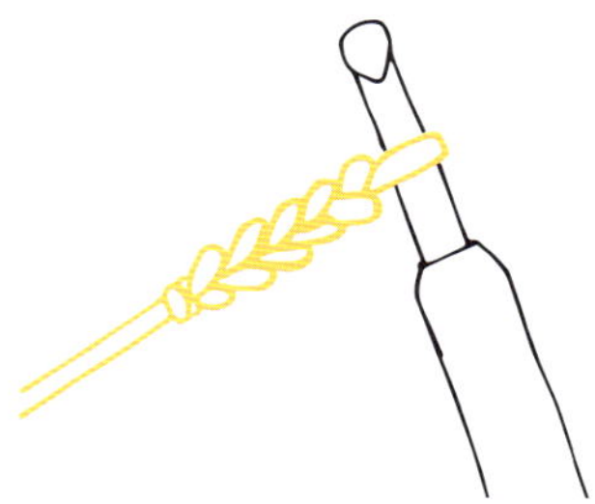

3 So oft wiederholen, bis die gewünschte Länge der Luftmaschenkette erreicht ist.

FESTE MASCHE (fM)

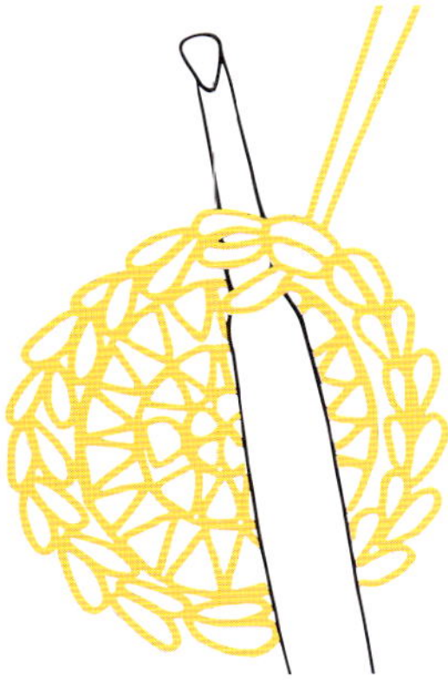

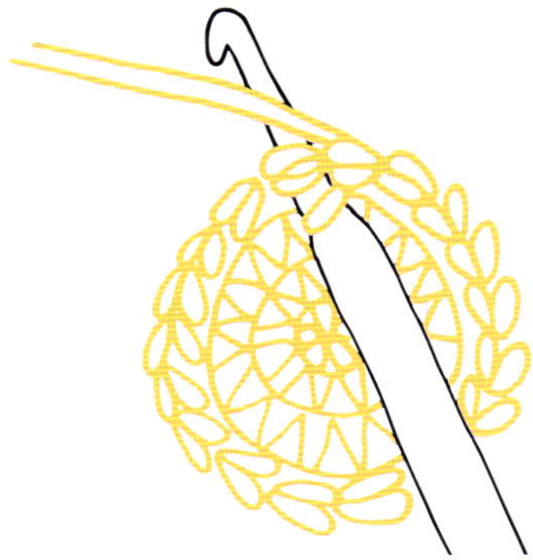

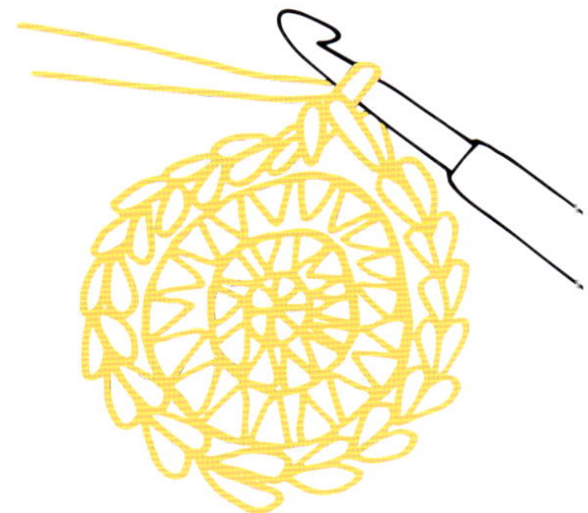

1 Mit der Häkelnadel unter beiden Maschengliedern der nächsten Masche (kleines „v" von oben gesehen) durchstechen.

2 Den Faden erfassen und durchholen (= 2 Schlaufen auf der Nadel).

3 Den Faden erfassen und durch beide Schlaufen auf der Nadel holen (1 feste Masche gehäkelt).

6 fM IN EINEN ANFANGSRING

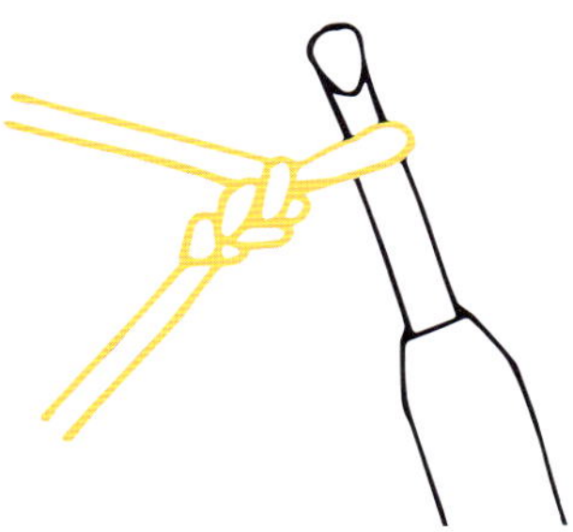

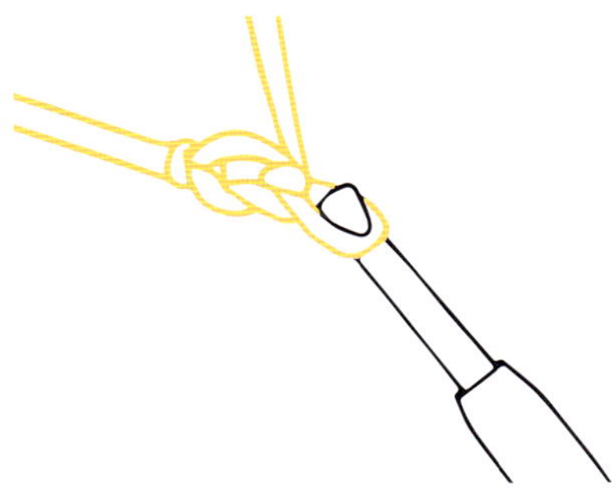

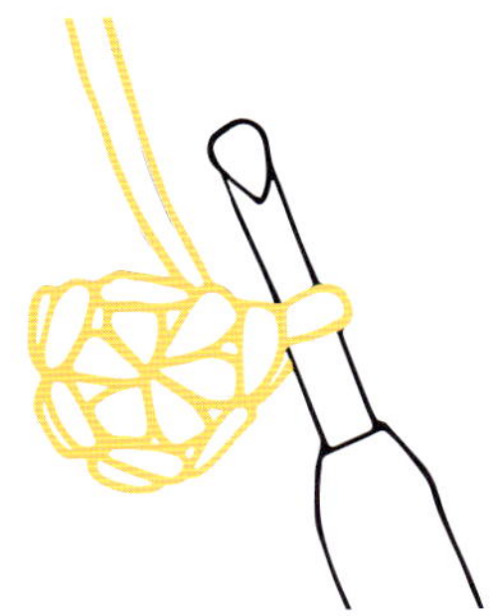

1 Eine Anfangsschlinge bilden und zwei Luftmaschen häkeln.

2 In die erste dieser Luftmaschen sechs feste Maschen häkeln.

3 Dann am Fadenende ziehen, um das Loch in der Mitte der festen Maschen zu schließen.

ABNEHMEN (2 fM zus)

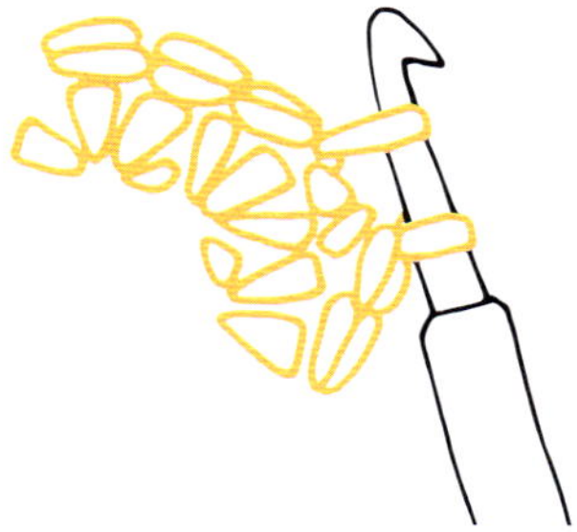

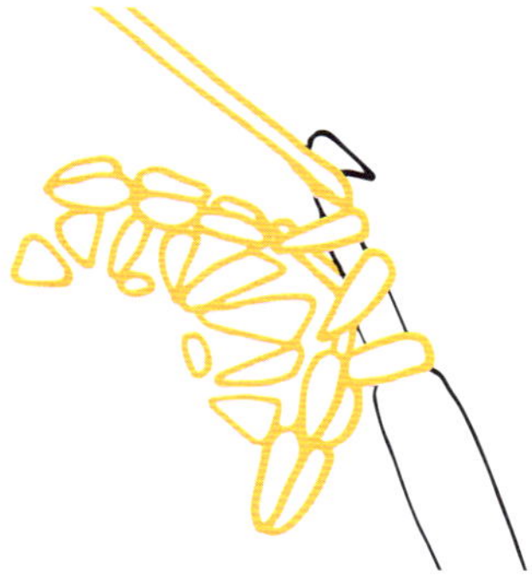

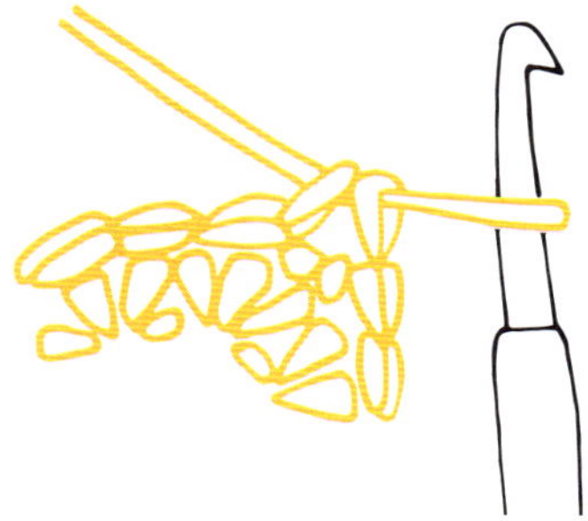

1 Mit der Häkelnadel nur unter dem vorderen Maschenglied der nächsten Masche einstechen und den Faden durchholen (= 2 Schlaufen auf der Nadel).

2 Dann unter dem vorderen Maschenglied der folgenden Masche einstechen und den Faden durchholen (= 3 Schlaufen auf der Nadel).

3 Den Faden erfassen und durch alle 3 Schlaufen auf der Nadel ziehen.

FADEN DURCHZIEHEN

Wenn ein Teil fertig ist, muss der Faden durch die letzte Masche gezogen werden, damit sie nicht aufgehen kann.

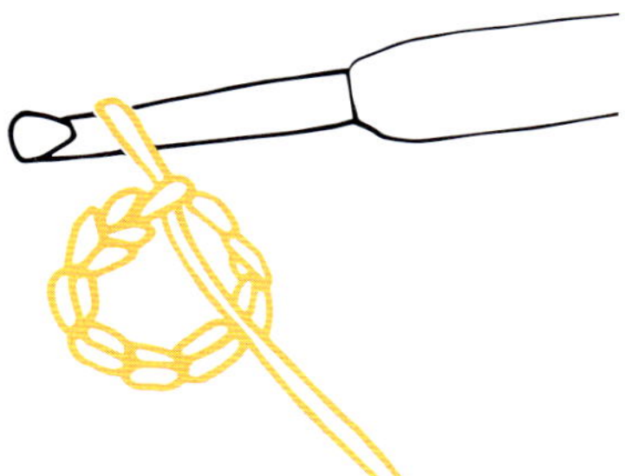

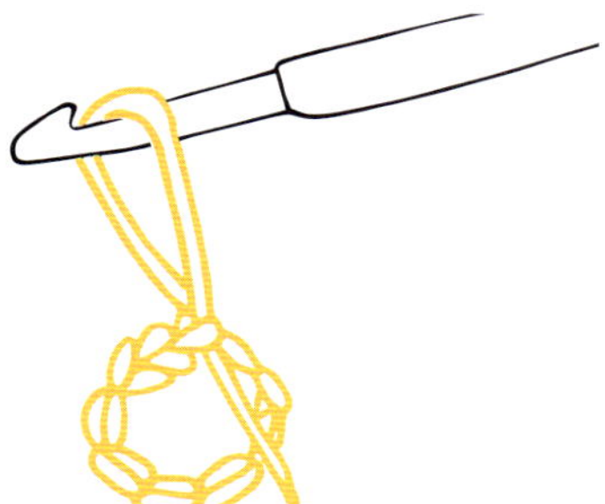

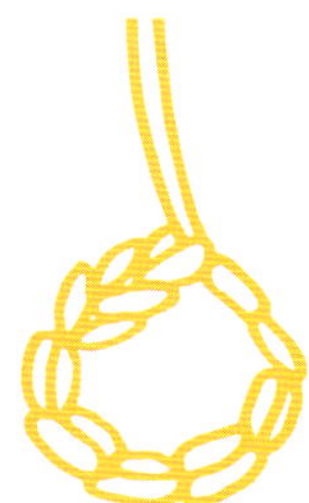

1 Nach der letzten Masche den Faden abschneiden, dabei ein 8–10 cm langes Ende zum Vernähen hängen lassen.

2 Die Schlaufe auf der Häkelnadel immer weiter aufziehen, bis das Fadenende durchrutscht.

3 Kräftig am Fadenende ziehen, um die letzte Masche zu sichern.

MASCHEN ZÄHLEN

Um den Überblick zu behalten und die Anleitungen akkurat nachzuarbeiten, müssen Sie die Maschen in jeder Runde zählen. Das ist besonders wichtig nach Runden, in denen zu- oder abgenommen wurde. Aus diesem Grund ist in den Anleitungen nach jeder Rundenanleitung die Maschenzahl in Klammern angegeben. Wenn Sie am Ende einer Runde feststellen, dass die Maschenzahl nicht stimmt, ribbeln Sie die Runde wieder auf. Das ist viel einfacher, wenn Sie einen Markierungsfaden verwenden (siehe Seite 8).

LUFTMASCHEN ZÄHLEN

In der ersten Reihe, die auf eine Luftmaschenkette folgt, wird beim Wenden oft die erste Luftmasche an der Häkelnadel übergangen. Um beispielsweise eine Reihe von 9 festen Maschen zu häkeln, muss mit 10 Luftmaschen begonnen werden.

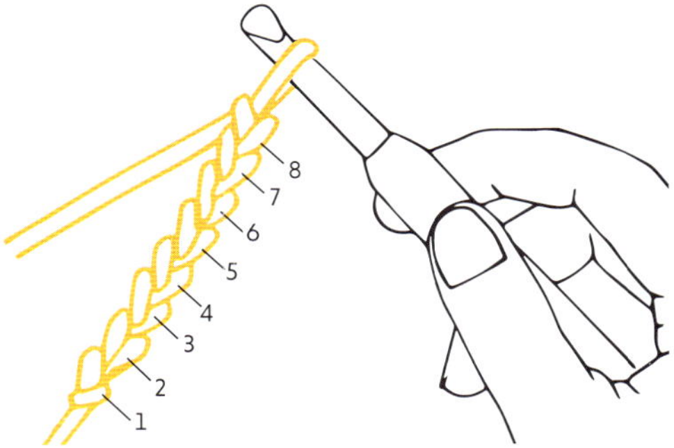

MASCHEN IN DER RUNDE ZÄHLEN

Die meisten Einzelteile in diesem Buch beginnen mit sechs Maschen in einem Anfangsring. Um den Durchmesser im Anschluss daran zu vergrößern, müssen Maschen zugenommen werden. Das geschieht, indem man zwei feste Maschen in dieselbe Masche der Vorreihe häkelt. Diese Zunahmen sind in den Anleitungen angegeben.

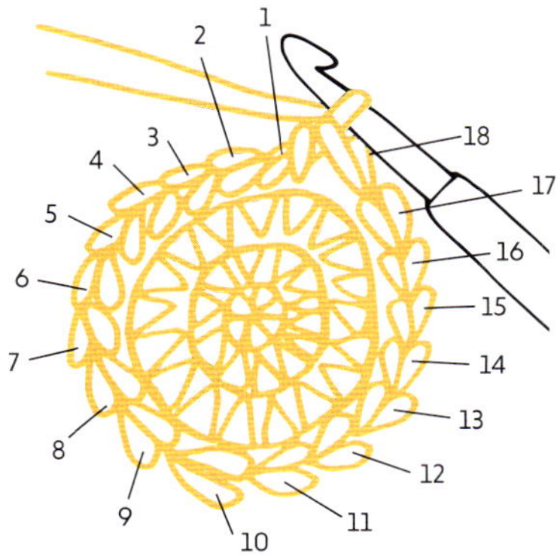

ANLEITUNGEN UND ABKÜRZUNGEN LESEN

Rd: RUNDE
Alle Modelle in diesem Buch werden in Spiralrunden gehäkelt. Das heißt, dass Sie am Ende einer Runde (bei Erreichen des Markierungsfadens) sofort und automatisch mit der nächsten Runde fortfahren.

fM: FESTE MASCHE
5 fM bedeutet, dass in jede der folgenden 5 Maschen der vorherigen Runde je 1 feste Masche gehäkelt wird.

Beginnen Sie mit 6 fM im Anfangsring.

1. Rd: (2 fM in die nächste M) 6x (12 M)

2. Rd: (1 fM, 2 fM in die nächste M) 6x (18)

3. Rd: (2 fM, 2 fM in die nächste M) 6x (24)

4. Rd: (3 fM, 2 fM in die nächste M) 6x (30)

5. Rd: (4 fM, 2 fM in die nächste M) 6x (36)

6. Rd: (5 fM, 2 fM in die nächste M) 6x (42)

7. Rd: (6 fM, 2 fM in die nächste M) 6x (48)

8.–10. Rd: fM (3 Rd)

M: MASCHE(N)
Am Ende der Anleitungszeile ist in Klammern angegeben, aus wie vielen Maschen die Runde nun besteht.

6x
Wiederholt wird, was innerhalb der davorstehenden Klammern steht.

3 Rd
In den nächsten 3 Runden in jede feste Masche der vorherigen Runde wieder eine feste Masche häkeln.

Weitere Abkürzungen
Lm: Luftmasche
2 fM zus: 2 feste Maschen zusammenhäkeln (dadurch wird eine Masche abgenommen)
Km: Kettmasche

HÄKELN IN SPIRALRUNDEN

Für die Figuren in diesem Buch werden dichte, dreidimensionale Formen gehäkelt. Dabei beginnt man meist mit einem Faden- oder Luftmaschenring und arbeitet dann mit festen Maschen in Spiralrunden weiter. Im Beispiel auf Seite 18 wird eine typische Art des Zunehmens gezeigt: In jeder der ersten Runden werden gleichmäßig verteilt 6 Maschen zugenommen. Die dreidimensionale Form entsteht, wenn man mit dem Zunehmen aufhört.

RECHTE SEITE (RS) UND LINKE SEITE (LS)

Beim Häkeln in Runden hat das Maschenwerk eine rechte Seite (RS) und eine linke Seite (LS). Die linke Seite liegt beim fertigen Tier innen. Wenn Sie RechtshänderIn sind und beim Häkeln die rechte Seite außen liegt, arbeiten Sie sich entgegen dem Uhrzeigersinn entlang der Kante Ihres Werkstücks vor (LinkshänderInnen arbeiten im Uhrzeigersinn). Natürlich kann man auch so arbeiten, dass beim Häkeln die linke Seite des Werkstücks außen liegt. Das bedeutet, dass das fertige Teil vor dem Ausstopfen und Zusammennähen gewendet werden muss. Bei manchen Teilen ist das kein Problem, aber bei einigen – beispielsweise dünnen Schwänzen – ist das Wenden kaum möglich. Darum sollten Sie sich angewöhnen, die dreidimensionalen Teile in diesem Buch grundsätzlich so zu häkeln, dass die rechte Seite der Arbeit immer außen liegt. Auf der rechten Seite sind die waagerecht verlaufenden Runden besser zu erkennen. Auf der linken Seite sieht man spiralförmig senkrecht verlaufende Rillen.

Probieren Sie zuerst die Anleitung auf Seite 18, bevor Sie mit Ihrem ersten Tier beginnen. Wenn Ihnen dieses größere Teil gut gelingt, werden Ihnen auch die kleineren Runden der Tiere leicht von der Hand gehen.

SCHWEIN

FARBE | OATMEAL

KÖRPER
Beginnen Sie mit 6 fM im Anfangsring.
1. Rd: (2 fM in die nächste M) 6x (12)
2. Rd: (1 fM, 2 fM in die nächste M) 6x (18)
3. Rd: (2 fM, 2 fM in die nächste M) 6x (24)
4.–8. Rd: fM (5 Rd)
9. Rd: 9 fM, (2 fM zus) 3x, 9 fM (21)
10. Rd: (5 fM, 2 fM zus) 3x (18)
11.–13. Rd: fM (3 Rd)
14. Rd: (4 fM, 2 fM zus) 3x (15)
15. Rd: (3 fM, 2 fM zus) 3x (12)
16. Rd: (2 fM zus) 6x (6)

KOPF
Beginnen Sie mit 6 fM im Anfangsring.
1. Rd: (2 fM in die nächste M) 6x (12)
2. Rd: (1 fM, 2 fM in die nächste M) 6x (18)
3. Rd: (2 fM, 2 fM in die nächste M) 6x (24)
4.–6. Rd: fM (3 Rd)
7. Rd: (1 fM, 2 fM zus) 6x, 6 fM (18)
8. Rd: (1 fM, 2 fM zus) 2x, 12 fM (16)
9. Rd: (2 fM, 2 fM zus) 4x (12)
10.–12. Rd: fM (3 Rd)
13. Rd: (2 fM, 2 fM zus) 3x (9)

BEINE (4x)
Beginnen Sie mit 6 fM im Anfangsring.
1. Rd: (2 fM in die nächste M) 6x (12)
2.–3. Rd: fM (2 Rd)
4. Rd: (1 fM, 2 fM zus) 4x (8)
5.–12. Rd: fM (8 Rd)
Nur das untere Ende ausstopfen, das obere Ende flach zusammennähen.

OHREN (2x)
Beginnen Sie mit 6 fM im Anfangsring.
1. Rd: (2 fM in die nächste M) 6x (12)
2. Rd: (1 fM, 2 fM in die nächste M) 6x (18)
3. Rd: (2 fM, 2 fM in die nächste M) 6x (24)
Links auf links zur Hälfte falten und die Kanten so mit 6 fM zusammenhäkeln, dass eine »Tüte« entsteht.
Die Ohren an den Kopf nähen.

SCHWANZ
1 Km an der Position des Schwanzes, 4 Lm
4 fM in die erste Lm, (3 fM in die nächste Lm) 2x

Alle Teile zusammennähen (siehe Seite 23). Augen und Nasenlöcher mit schwarzem Garn aufsticken.

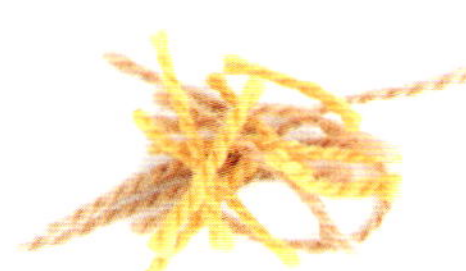

Mit einem hellen Garn gelingt die erste dreidimensionale Figur am leichtesten.

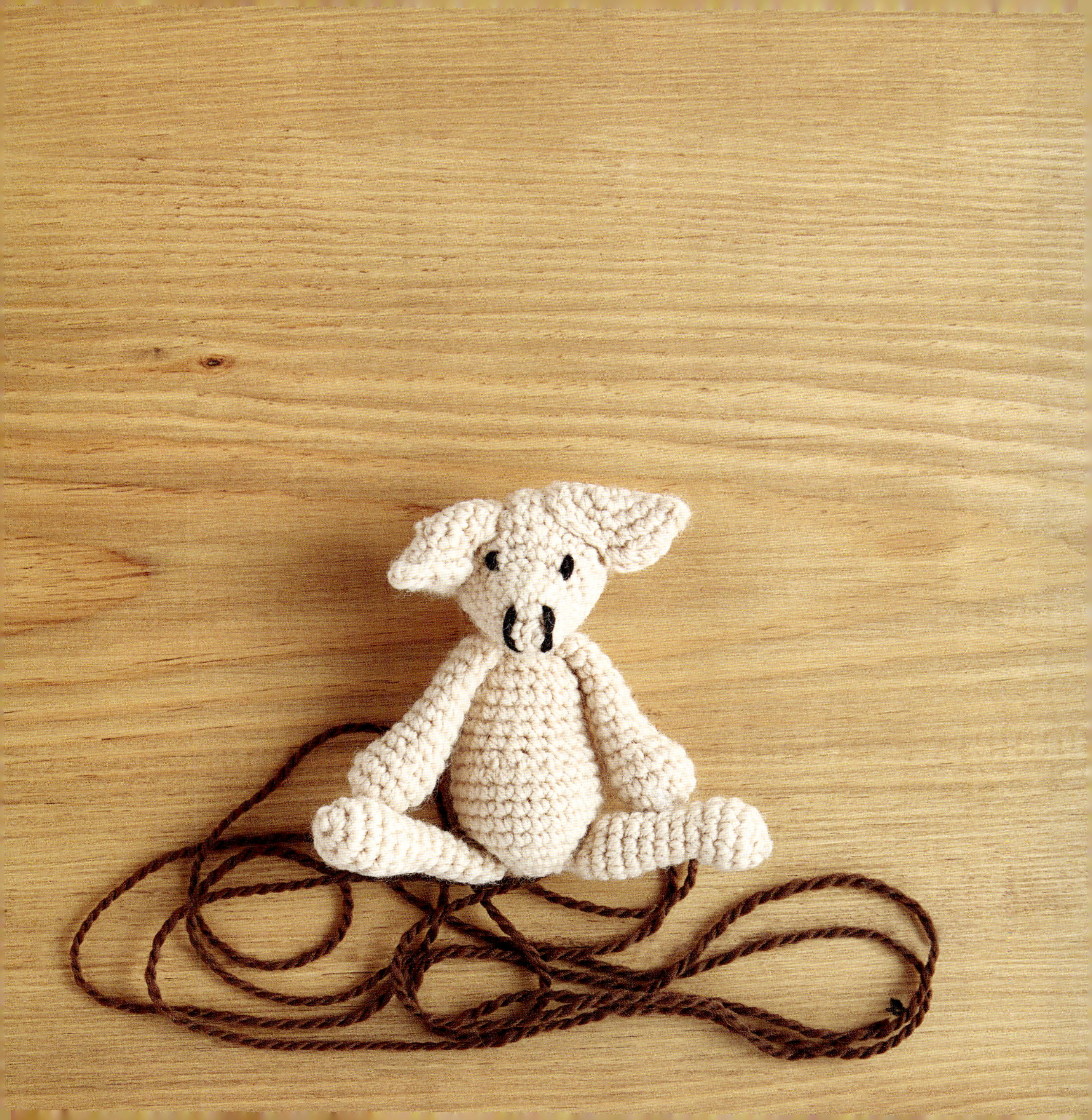

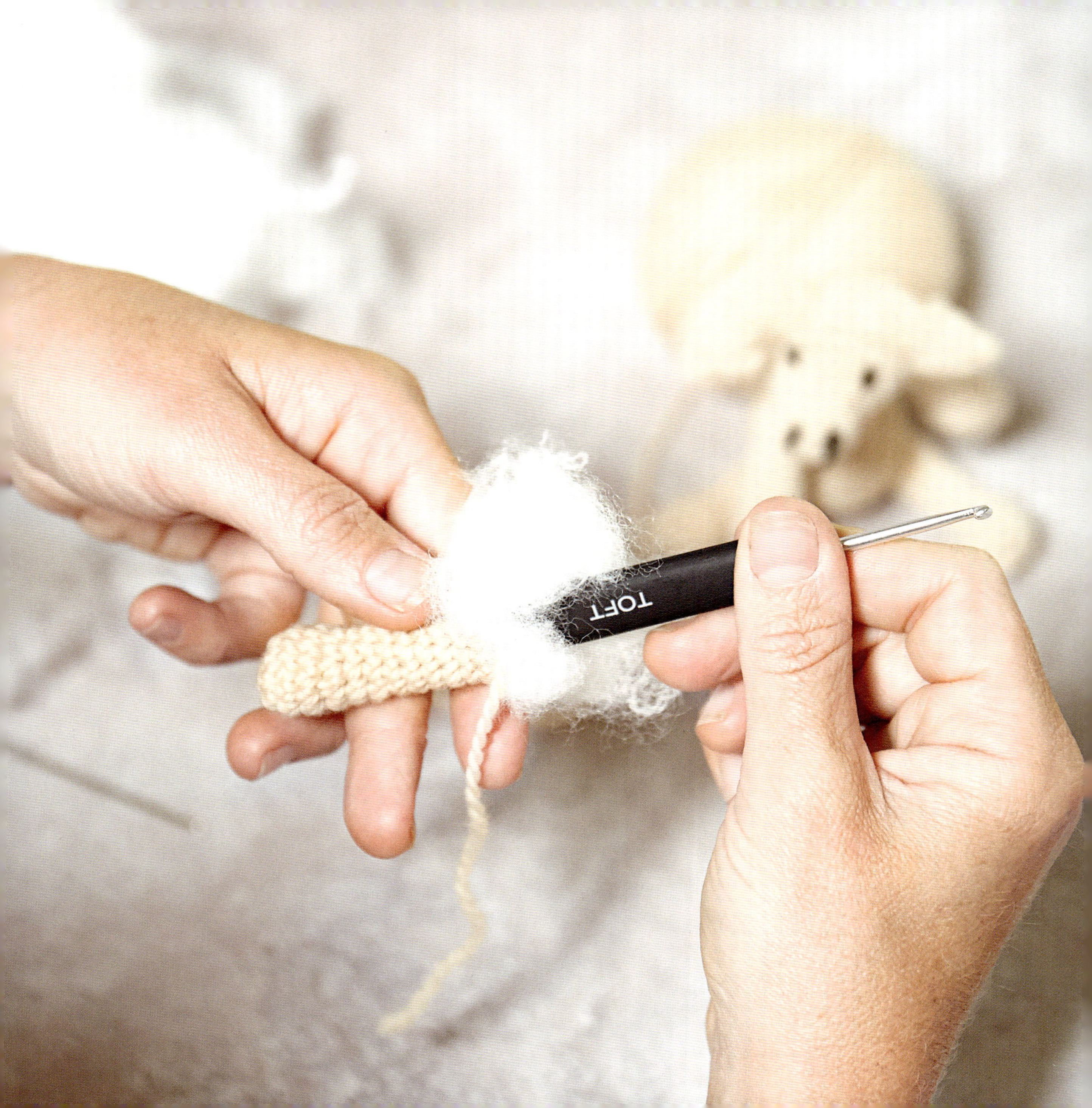
TOFT

DIE REIHENFOLGE BEIM ZUSAMMENNÄHEN

1. Alle Teile ausstopfen. In der konkreten Anleitung ist nur vermerkt, wenn etwas NICHT ausgestopft wird.
2. Löcher schließen (siehe Seite 24), etwa an der Schnauze oder an den Pfoten.
3. Die Unterseite des Kopfs zuerst mit zwei Stichen am oberen Ende des Rumpfs fixieren (alle Köpfe werden von hinten nach vorn gehäkelt). Dann Kopf und Körper mit einem kleinen Kreis aus Stichen zusammennähen.
4. Die Vorderbeine an den oberen Rumpf nähen.
5. Die Hinterbeine gemäß Zeichnung auf Seite 24 an den Rumpf nähen.
6. Ohren und weitere Teile festnähen.
7. Augen und Nase oder Nasenlöcher aufsticken.
8. Letzte Details wie Luftmaschen oder Fransen ergänzen.

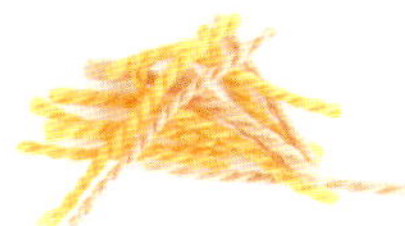

AUSSTOPFEN

Mit TOFT-Garn werden die Teile weich und geschmeidig. Sie sollten nicht zu fest ausgestopft werden, denn sonst werden die Figuren steif, die Formen können sich verziehen oder das Füllmaterial kann zwischen den Maschen durchscheinen. Sie sollten jedoch auch nicht zu dünn ausgestopft werden, sonst verlieren sie die Form oder kippen um. Bei Beinen werden in der Regel nur die Füße ausgestopft.

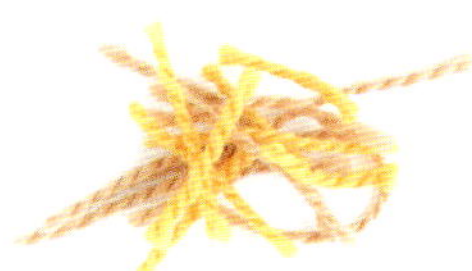

MASCHEN ZUSAMMENRAFFEN, UM EIN LOCH ZU SCHLIESSEN

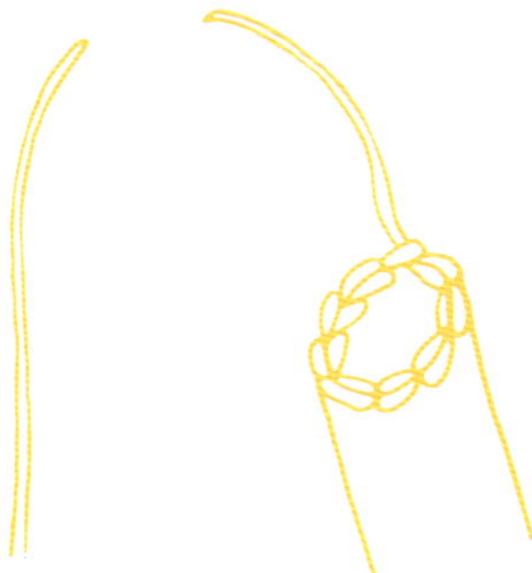

1 Den Faden durch die letzte Masche der letzten Runde ziehen.

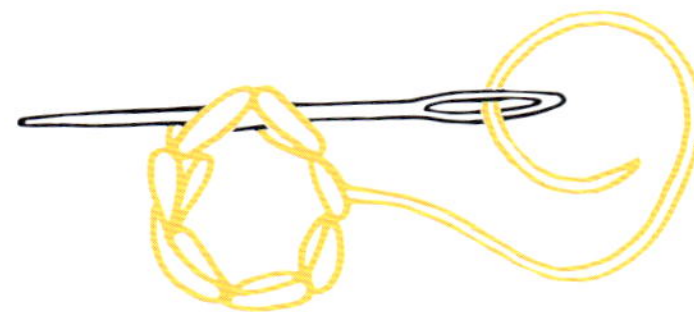

2 Den Faden in eine dicke Sticknadel einfädeln und Vorstiche durch die Maschen der letzten Runde nähen.

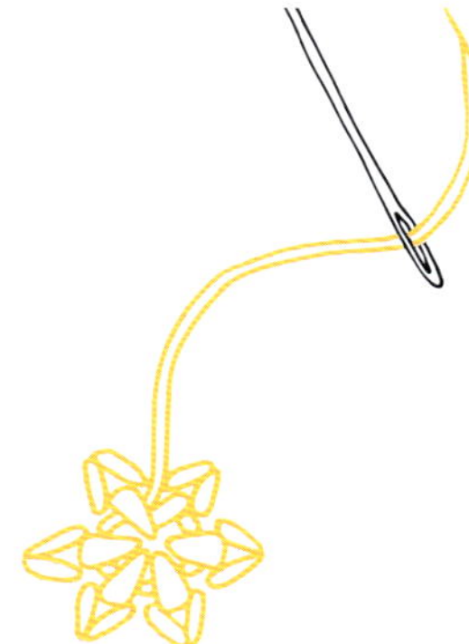

3 Am Faden ziehen, um die Maschen zusammenzuraffen. Dann den Faden in der letzten Masche vernähen.

EIN BEIN ZUNÄHEN

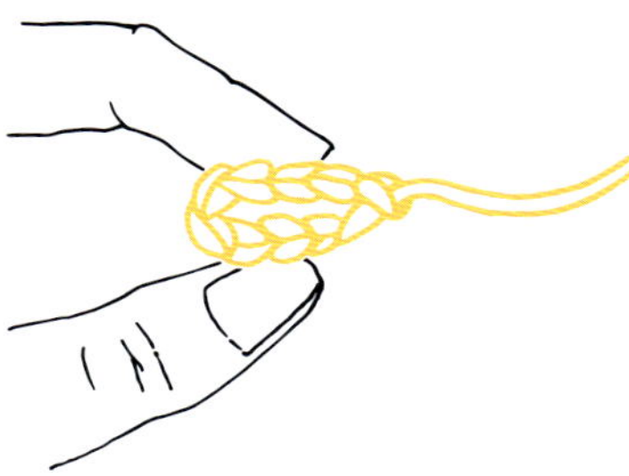

1 Den oberen Rand des Beins zwischen Daumen und Zeigefinger zusammendrücken.

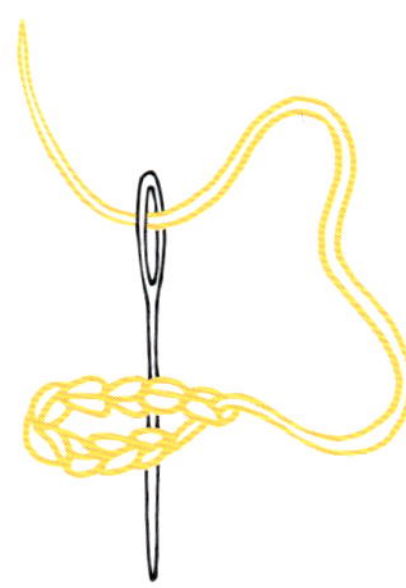

2 Die Maschen paarweise zusammennähen. Der obere Rand wird dadurch flach.

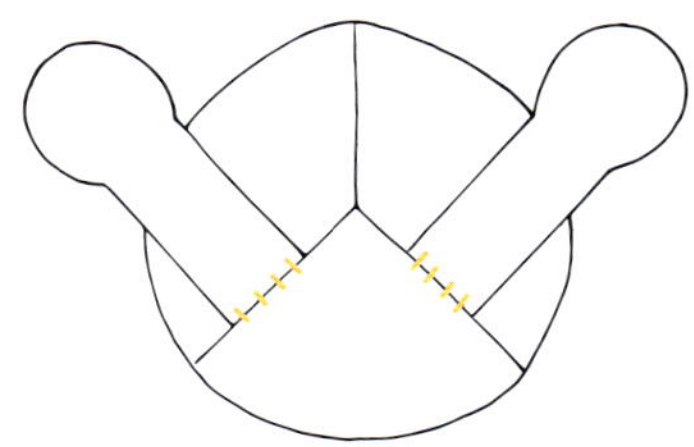

Position der Hinterbeine

3 Das Bein an seiner Position festnähen.

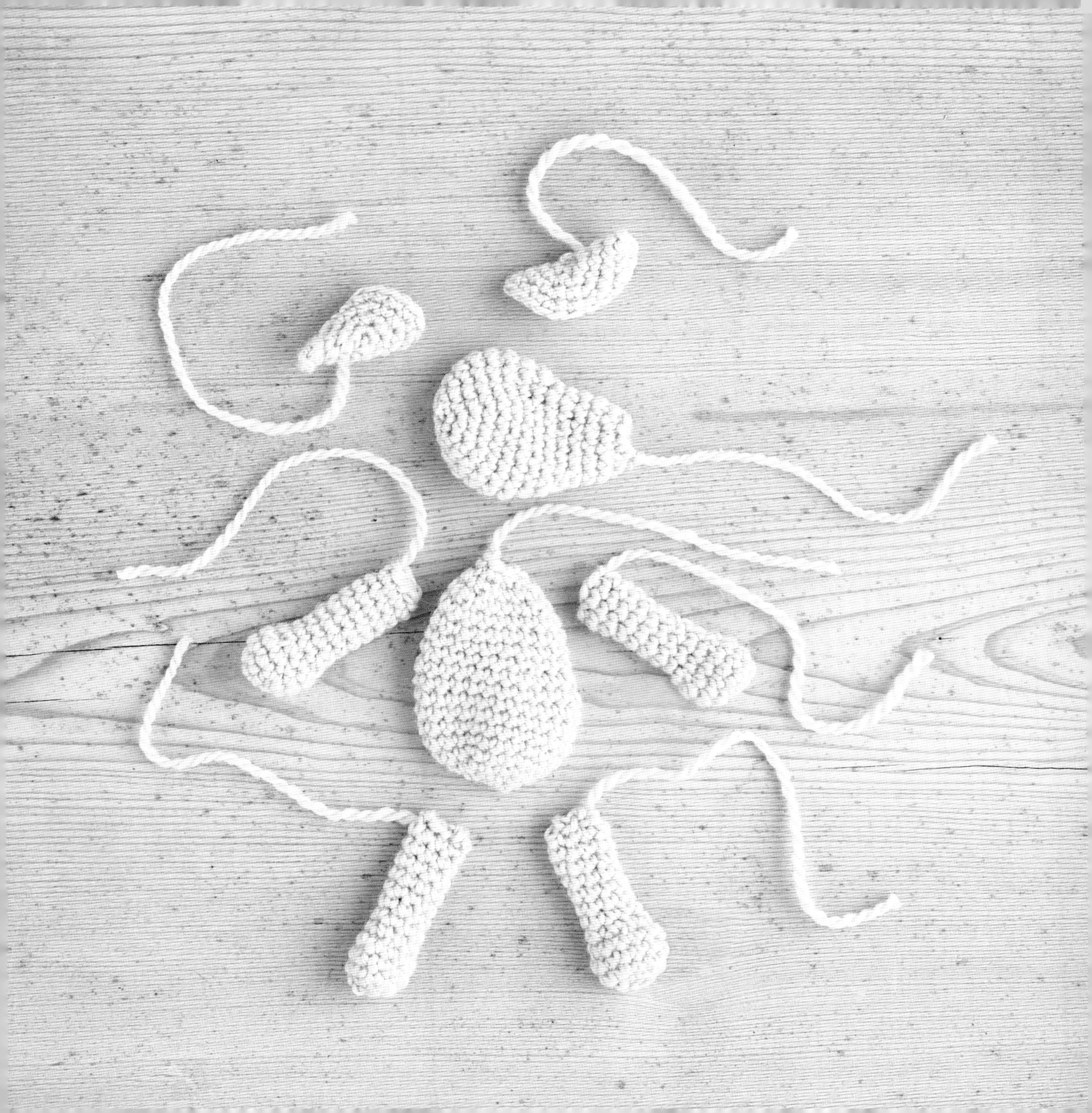

EINEN RINGELSCHWANZ ANHÄKELN

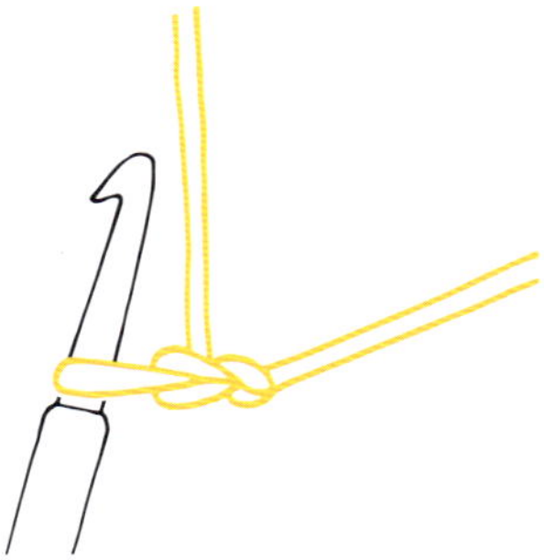

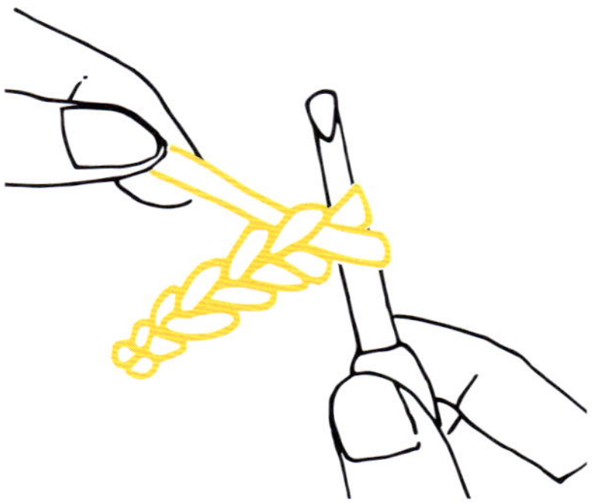

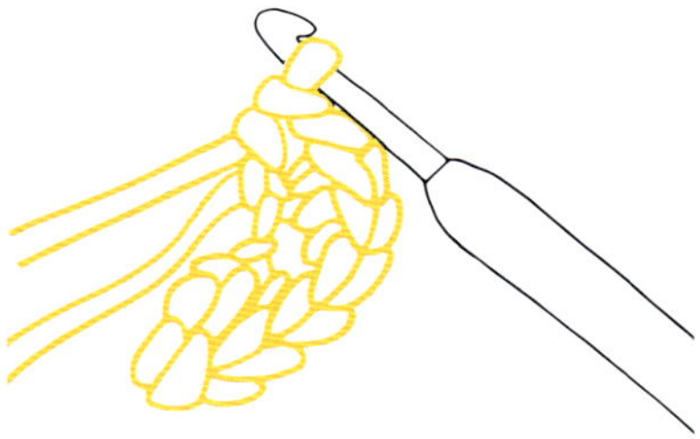

1 Mit der Häkelnadel an der gewünschten Stelle am Rumpf ins Maschenwerk einstechen und eine Schlaufe durchholen.

2 Die in der Anleitung angegebene Anzahl von Luftmaschen häkeln.

3 In jede Luftmasche zwei feste Maschen häkeln.

AUGEN / NASENLÖCHER AUFSTICKEN

1. Mit dem Garn am oberen Ende des Auges (oder Nasenlochs) ausstechen.
2. Eine Runde tiefer oder eine Masche daneben einstechen.
3. Auf der Innenseite zum anderen Auge (oder Nasenloch) durchstechen und dort wiederholen. Die Fäden vernähen und abschneiden.

Spielzeugaugen müssen vor dem Zusammenraffen der Maschen und vor dem Ausstopfen angebracht werden. Die Positionen der Ohren, der Nase und vor allem der Augen bestimmen maßgeblich den Gesichtsausdruck und Charakter eines Tieres. Ein Gesicht mit sehr großen Augen zum Beispiel wirkt kindlich und niedlich, tief am Kopf angesetzte Ohren wirken müde. Und es macht auch einen Unterschied, ob eine Nase oder nur Nasenlöcher gestickt werden.

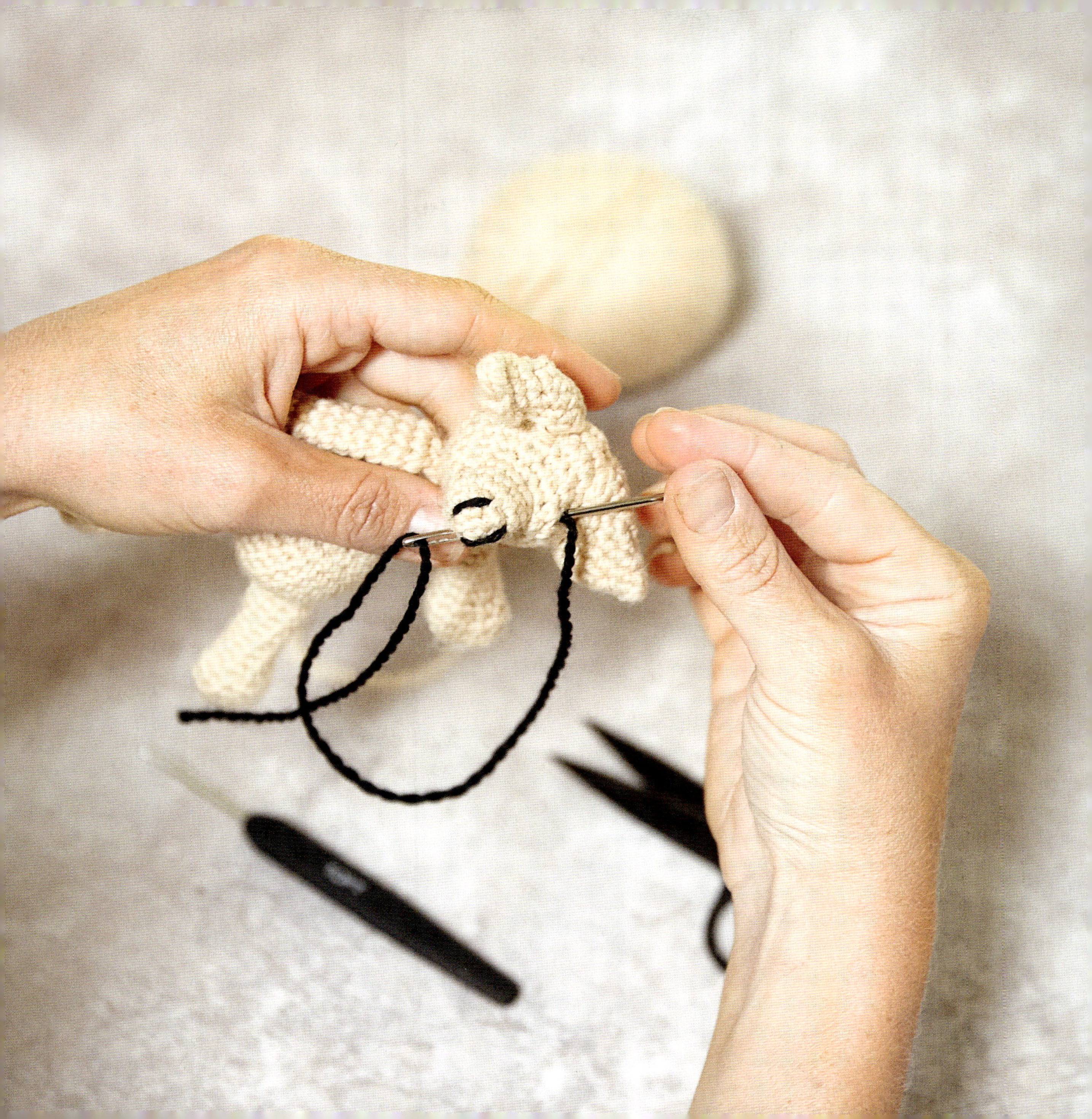

HASE

FARBE | MUSHROOM

KÖRPER
Beginnen Sie mit 6 fM im Anfangsring.
1. Rd: (2 fM in die nächste M) 6x (12)
2. Rd: (1 fM, 2 fM in die nächste M) 6x (18)
3. Rd: (2 fM, 2 fM in die nächste M) 6x (24)
4.–8. Rd: fM (5 Rd)
9. Rd: 9 fM, (2 fM zus) 3x, 9 fM (21)
10. Rd: (5 fM, 2 fM zus) 3x (18)
11.–13. Rd: fM (3 Rd)
14. Rd: (4 fM, 2 fM zus) 3x (15)
15. Rd: (3 fM, 2 fM zus) 3x (12)
16. Rd: (2 fM zus) 6x (6)

KOPF
Beginnen Sie mit 6 fM im Anfangsring.
1. Rd: (2 fM in die nächste M) 6x (12)
2. Rd: (1 fM, 2 fM in die nächste M) 6x (18)
3. Rd: (2 fM, 2 fM in die nächste M) 6x (24)
4.–6. Rd: fM (3 Rd)
7. Rd: (2 fM, 2 fM zus) 6x (18)
8. Rd: (1 fM, 2 fM zus) 6x (12)
9. Rd: fM
10. Rd: (2 fM zus) 6x (6)

BEINE (4x)
Beginnen Sie mit 6 fM im Anfangsring.
1. Rd: (2 fM in die nächste M) 6x (12)
2.–3. Rd: fM (2 Rd)
4. Rd: (1 fM, 2 fM zus) 4x (8)
5.–12. Rd: fM (8 Rd)
Nur das untere Ende ausstopfen, das obere Ende flach zusammennähen (siehe Seite 24).

OHREN (2x)
Beginnen Sie mit 6 fM im Anfangsring.
1. Rd: (1 fM, 2 fM in die nächste M) 3x (9)
2.–10. Rd: fM (9 Rd)
Nicht ausstopfen.

SCHWANZ
Beginnen Sie mit 6 fM im Anfangsring.
1. Rd: fM
An den Körper nähen.

Alle Teile zusammennähen (siehe Seite 23). Zuletzt die Augen mit schwarzem Garn aufsticken.

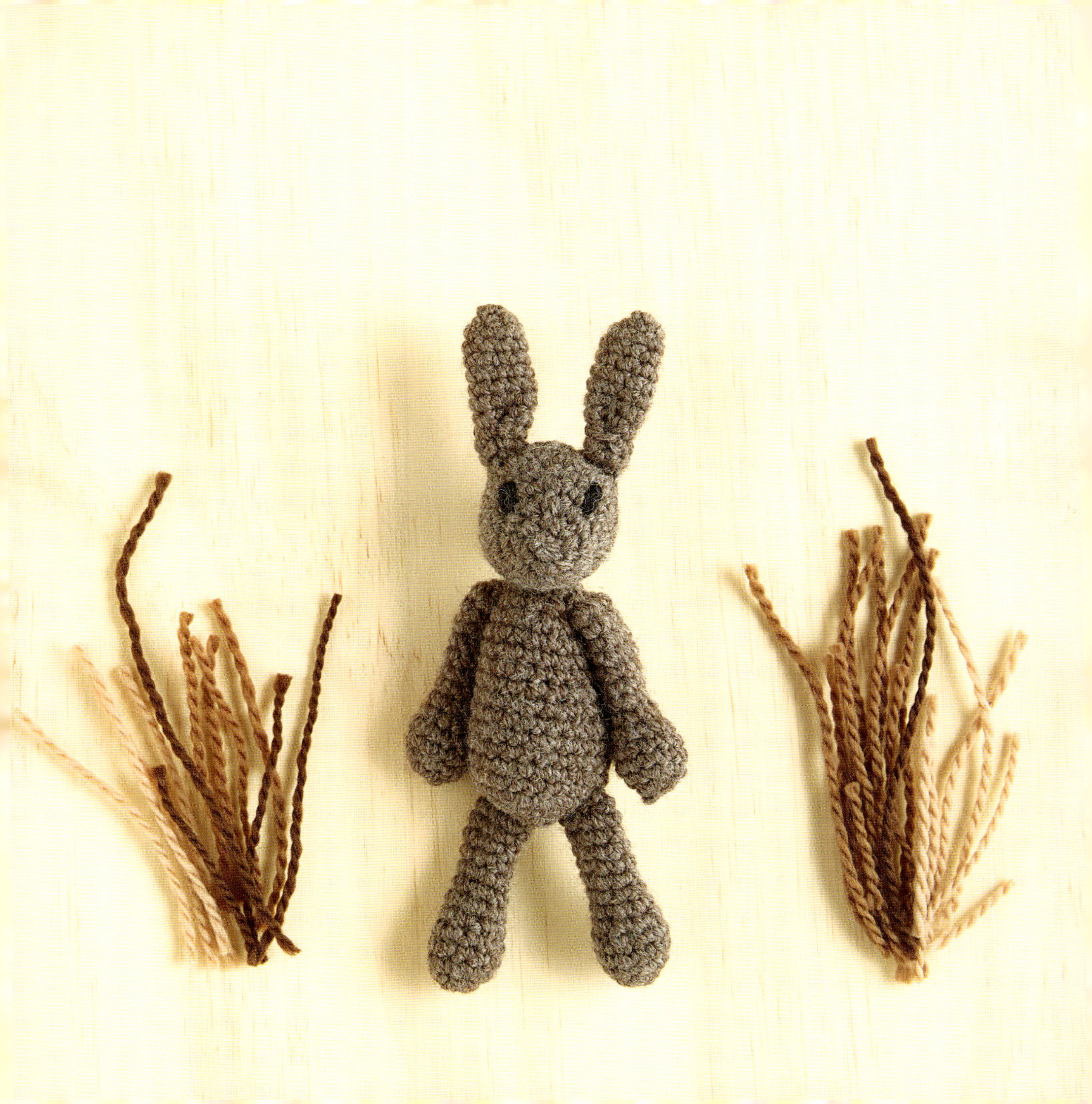

SCHAF

FARBE | CREAM

KÖRPER

Beginnen Sie mit 6 fM im Anfangsring.
1. Rd: (2 fM in die nächste M) 6x (12)
2. Rd: (1 fM, 2 fM in die nächste M) 6x (18)
3. Rd: (2 fM, 2 fM in die nächste M) 6x (24)
4.–8. Rd: fM (5 Rd)
9. Rd: 9 fM, (2 fM zus) 3x, 9 fM (21)
10. Rd: (5 fM, 2 fM zus) 3x (18)
11.–13. Rd: fM (3 Rd)
14. Rd: (4 fM, 2 fM zus) 3x (15)
15. Rd: (3 fM, 2 fM zus) 3x (12)
16. Rd: (2 fM zus) 6x (6)

KOPF

Beginnen Sie mit 6 fM im Anfangsring.
1. Rd: (2 fM in die nächste M) 6x (12)
2. Rd: (1 fM, 2 fM in die nächste M) 6x (18)
3. Rd: (2 fM, 2 fM in die nächste M) 6x (24)
4.–6. Rd: fM (3 Rd)
7. Rd: (2 fM zus) 3x, 18 fM (21)
8. Rd: (5 fM, 2 fM zus) 3x (18)
9. Rd: fM
10. Rd: (4 fM, 2 fM zus) 3x (15)
11. Rd: (3 fM, 2 fM zus) 3x (12)
12. Rd: (2 fM zus) 6x (6)

BEINE (4x)

Beginnen Sie mit 6 fM im Anfangsring.
1. Rd: (2 fM in die nächste M) 6x (12)
2.–3. Rd: fM (2 Rd)
4. Rd: (1 fM, 2 fM zus) 4x (8)
5.–12. Rd: fM (8 Rd)
Nur das untere Ende ausstopfen, das obere Ende flach zusammennähen.

OHREN (2x)

Beginnen Sie mit 5 fM im Anfangsring.
1.–2. Rd: fM (2 Rd)
Nicht ausstopfen.

SCHWANZ

Beginnen Sie mit 5 fM im Anfangsring.
1.–8. Rd: fM (8 Rd)
Nicht ausstopfen.

FELL

Den ganzen Körper mit Luftmaschenbögen aus 5 Lm behäkeln (siehe Seite 33), nur nicht den unteren Teil, wo die Beine angenäht werden. Das ist wichtig, damit das Schaf sitzen kann, ohne umzukippen.

Alle Teile zusammennähen (siehe Seite 23). Zuletzt Augen und Nase mit schwarzem Garn aufsticken.

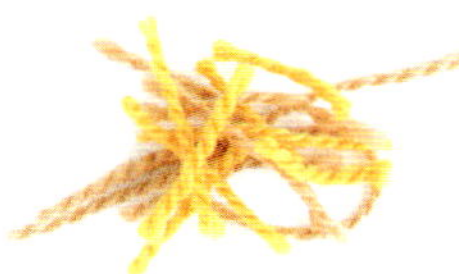

Das lockige Fell aus Luftmaschenbögen können Sie variieren.

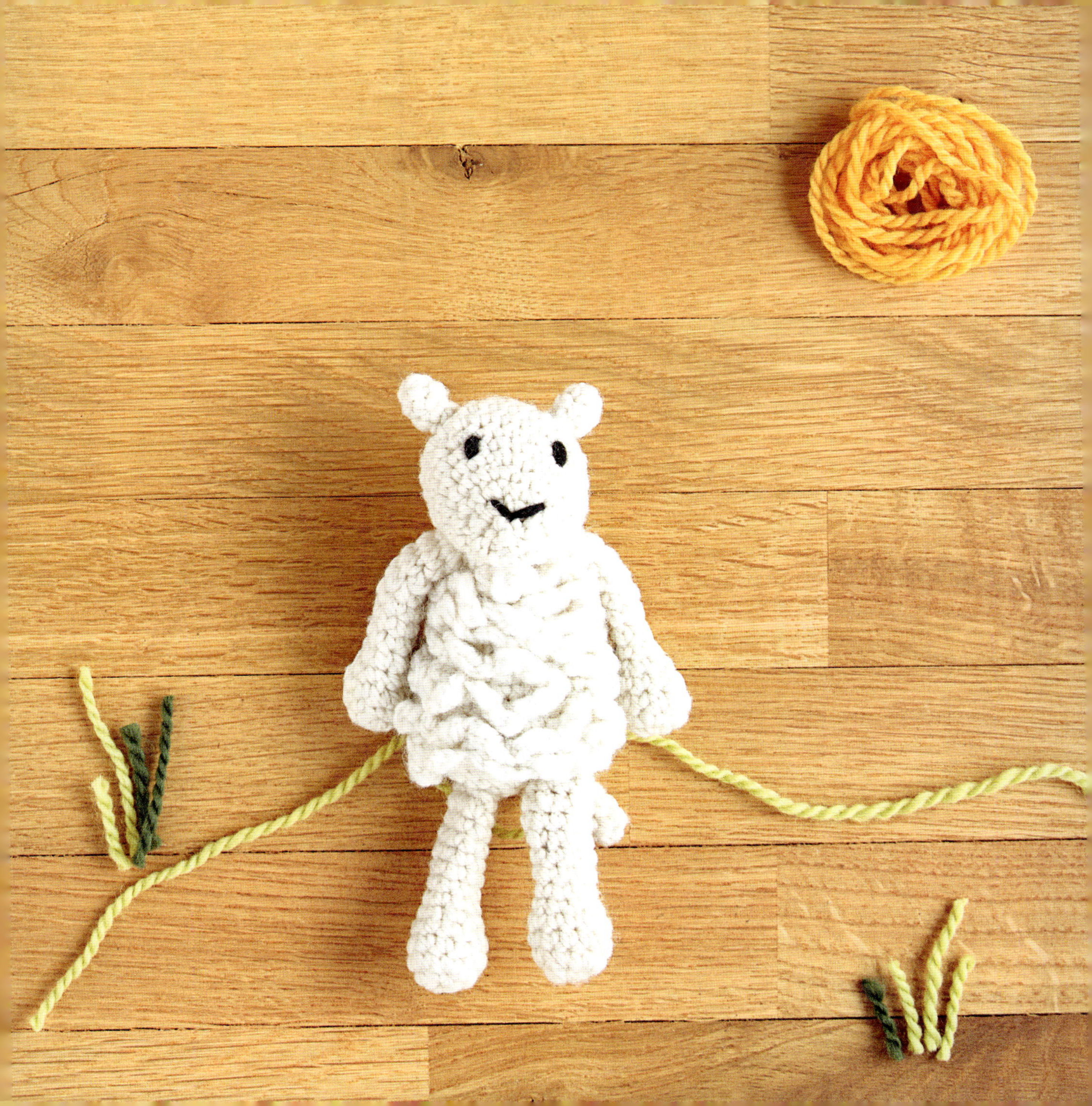

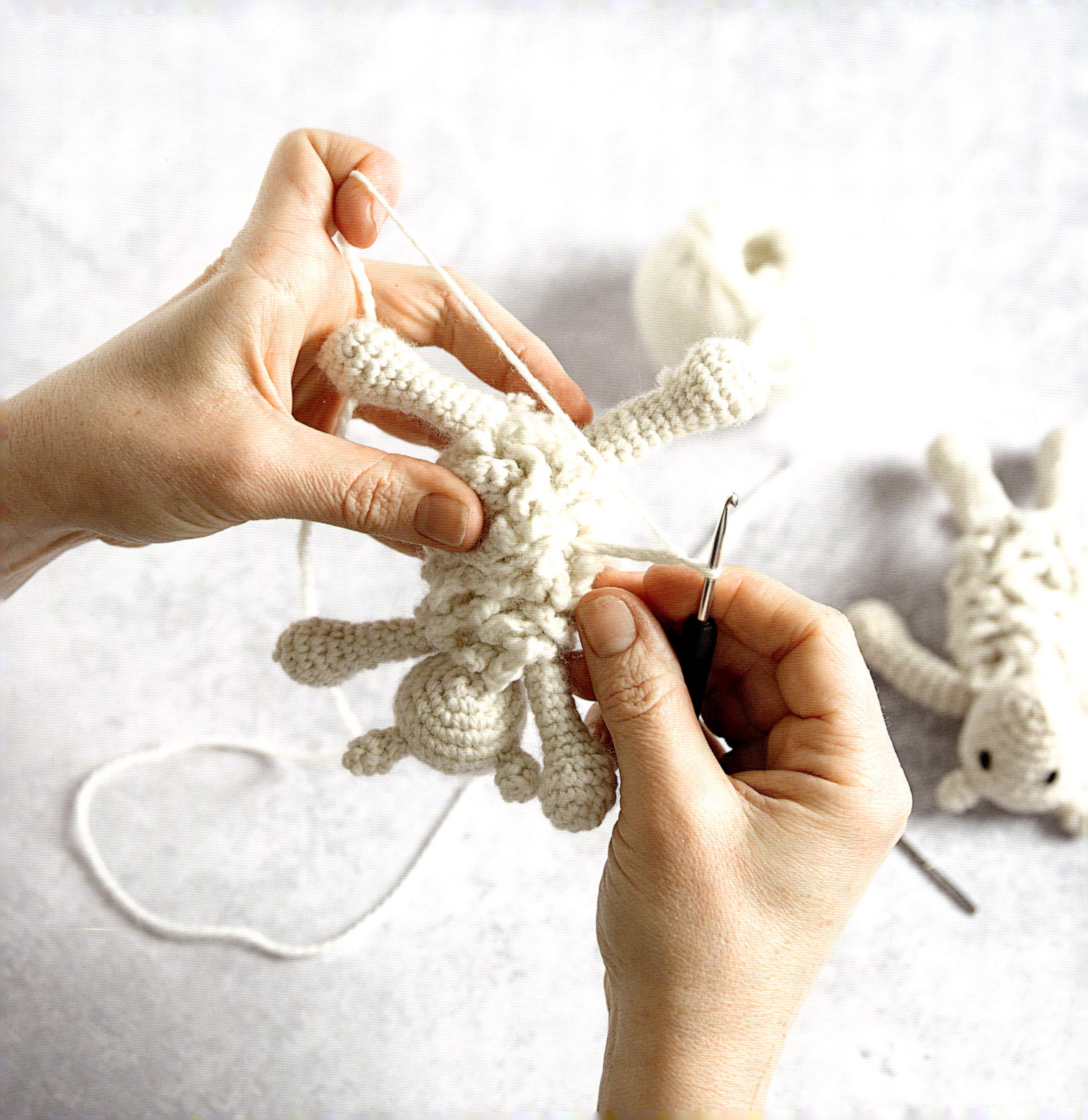

LUFTMASCHENBÖGEN

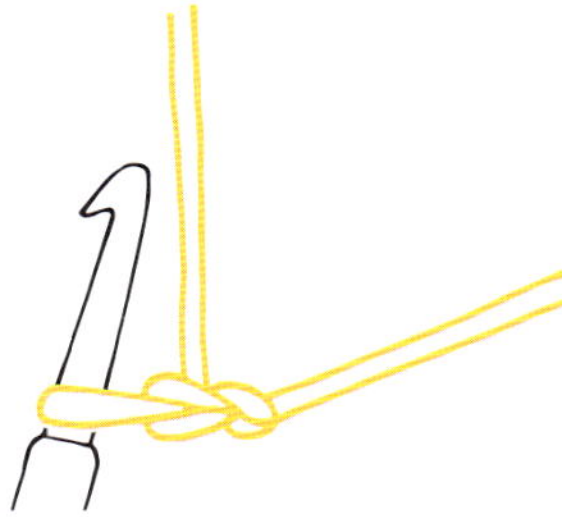

1 Die Häkelnadel an der gewünschten Ansatzstelle in ein Teil stechen und eine Schlaufe durchholen.

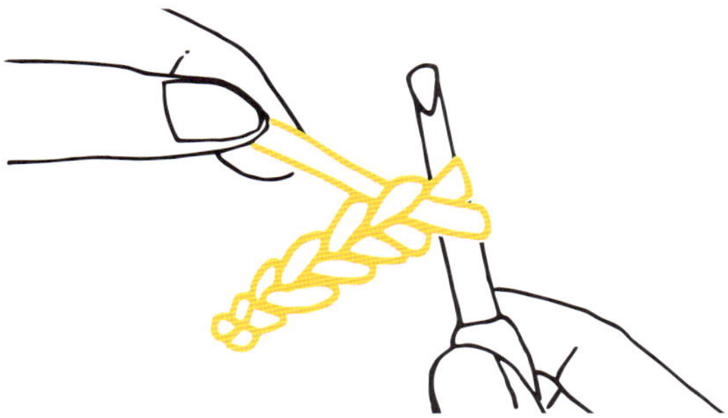

2 Die angegebene Anzahl von Luftmaschen häkeln.

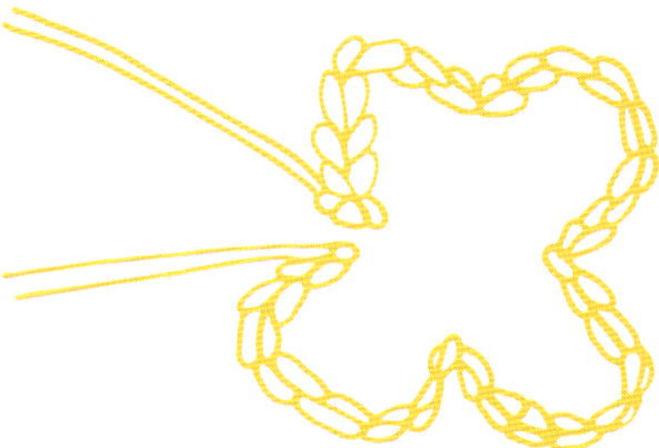

3 Den Luftmaschenbogen mit einer Kettmasche an der gehäkelten Basis befestigen. Der Abstand zum Anfang der Schlaufe beträgt meist 2 Maschen oder Runden. Wiederholen, bis die vorgesehene Fläche bedeckt ist.

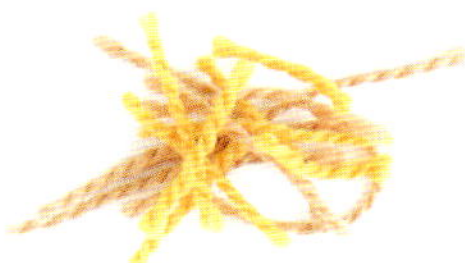

Anfangs scheinen die Lücken zwischen den Schlaufen recht groß. Halten Sie trotzdem die Abstände von zwei Maschen ein, sonst wird die Figur schwer und steif.

ALPAKA

FARBE | OATMEAL

KÖRPER
Beginnen Sie mit 6 fM im Anfangsring.
1. Rd: (2 fM in die nächste M) 6x (12)
2. Rd: (1 fM, 2 fM in die nächste M) 6x (18)
3. Rd: (2 fM, 2 fM in die nächste M) 6x (24)
4.–8. Rd: fM (5 Rd)
9. Rd: 9 fM, (2 fM zus) 3x, 9 fM (21)
10. Rd: (5 fM, 2 fM zus) 3x (18)
11.–13. Rd: fM (3 Rd)
14. Rd: (4 fM, 2 fM zus) 3x (15)
15.–17. Rd: fM (3 Rd)
18. Rd: (3 fM, 2 fM zus) 3x (12)
19. Rd: (2 fM zus) 6x (6)

KOPF
Beginnen Sie mit 6 fM im Anfangsring.
1. Rd: (2 fM in die nächste M) 6x (12)
2. Rd: (1 fM, 2 fM in die nächste M) 6x (18)
3. Rd: (2 fM, 2 fM in die nächste M) 6x (24)
4.–6. Rd: fM (3 Rd)
7. Rd: (2 fM zus) 3x, 18 fM (21)
8. Rd: (5 fM, 2 fM zus) 3x (18)
9. Rd: fM
10. Rd: (4 fM, 2 fM zus) 3x (15)
11. Rd: (3 fM, 2 fM zus) 3x (12)
12. Rd: fM
13. Rd: (2 fM zus) 6x (6)

BEINE (4x)
Beginnen Sie mit 6 fM im Anfangsring.
1. Rd: (2 fM in die nächste M) 6x (12)
2.–3. Rd: fM (2 Rd)
4. Rd: (1 fM, 2 fM zus) 4x (8)
5.–12. Rd: fM (8 Rd)
Nur das untere Ende ausstopfen, das obere Ende flach zusammennähen.

OHREN (2x)
Beginnen Sie mit 5 fM im Anfangsring.
1.–2. Rd: fM (2 Rd)
Nicht ausstopfen.

SCHWANZ
Beginnen Sie mit 6 fM im Anfangsring.
1.–2. Rd: fM (2 Rd)
3. Rd: (2 fM zus) 3x (3)

FELL
Den ganzen Körper mit Luftmaschenbögen (siehe Seite 33) aus 5 Lm behäkeln, nur nicht die Nase und den unteren Teil, wo die Beine angenäht werden. Das ist wichtig, damit das Tier sitzen kann, ohne umzukippen.

Alle Teile zusammennähen (siehe Seite 23). Zuletzt die Augen mit schwarzem Garn aufsticken.

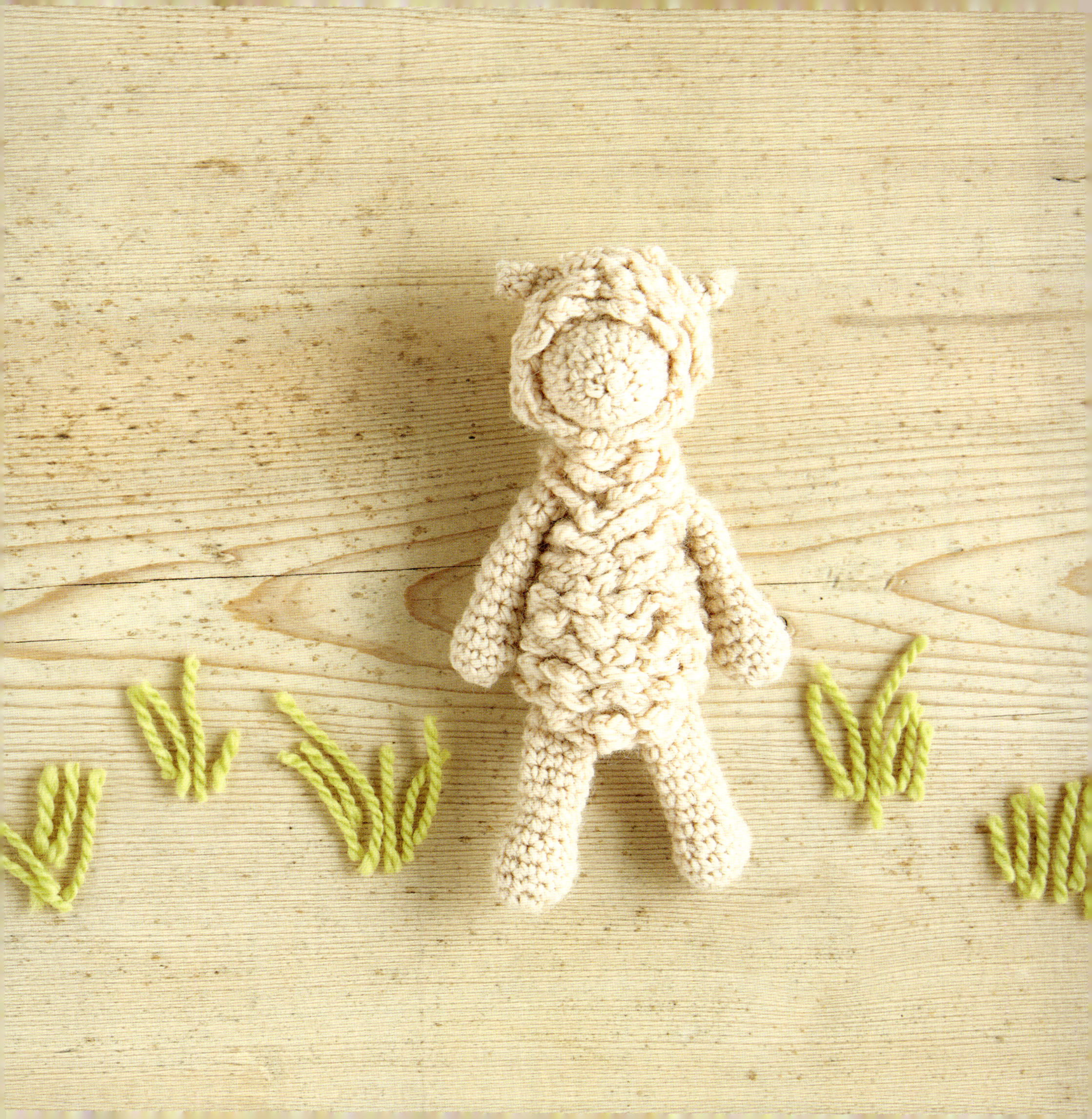

IGEL

FARBEN | FUDGE, COCOA

KÖRPER
Verwendete Farbe: Fudge
Beginnen Sie mit 6 fM im Anfangsring.
1. Rd: (2 fM in die nächste M) 6x (12)
2. Rd: (1 fM, 2 fM in die nächste M) 6x (18)
3. Rd: (2 fM, 2 fM in die nächste M) 6x (24)
4.–8. Rd: fM (5 Rd)
9. Rd: 9 fM, (2 fM zus) 3x, 9 fM (21)
10. Rd: (5 fM, 2 fM zus) 3x (18)
11.–13. Rd: fM (3 Rd)
14. Rd: (4 fM, 2 fM zus) 3x (15)
15. Rd: (3 fM, 2 fM zus) 3x (12)
16. Rd: (2 fM zus) 6x (6)

KOPF
Verwendete Farbe: Fudge
Beginnen Sie mit 6 fM im Anfangsring.
1. Rd: (2 fM in die nächste M) 6x (12)
2. Rd: (1 fM, 2 fM in die nächste M) 6x (18)
3. Rd: (2 fM, 2 fM in die nächste M) 6x (24)
4.–6. Rd: fM (3 Rd)
7. Rd: (2 fM, 2 fM zus) 6x (18)
8.–10. Rd: fM
11. Rd: 3 fM, (2 fM zus) 2x, 5 fM, (2 fM zus) 2x, 2 fM (14)
12. Rd: 3 fM, 2 fM zus, 5 fM, 2 fM zus, 2 fM (12)
13. Rd: (2 fM, 2 fM zus) 3x (9)
14. Rd: (1 fM, 2 fM zus) 3x (6)

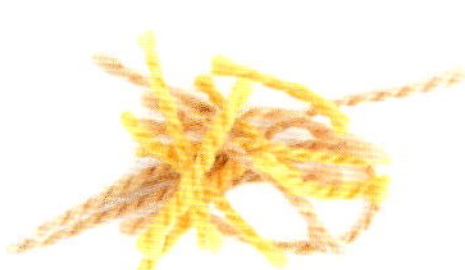

BEINE (4x)
Verwendete Farbe: Fudge
Beginnen Sie mit 6 fM im Anfangsring.
1. Rd: (2 fM in die nächste M) 6x (12)
2.–3. Rd: fM (2 Rd)
4. Rd: (1 fM, 2 fM zus) 4x (8)
5.–12. Rd: fM (8 Rd)
Nur das untere Ende ausstopfen, das obere Ende flach zusammennähen.

OHREN (2x)
Verwendete Farbe: Fudge
Beginnen Sie mit 4 fM im Anfangsring.
1.–2. Rd: fM (2 Rd)
Nicht ausstopfen.

STACHELN
Verwendete Farbe: Cocoa
Kopf und Rücken mit Kettmaschenketten über 5 Lm behäkeln. Dazwischen jeweils 2 Kettmaschen arbeiten (siehe Seite 39).

Alle Teile zusammennähen (siehe Seite 23). Zuletzt Augen und Nase mit schwarzem Garn aufsticken.

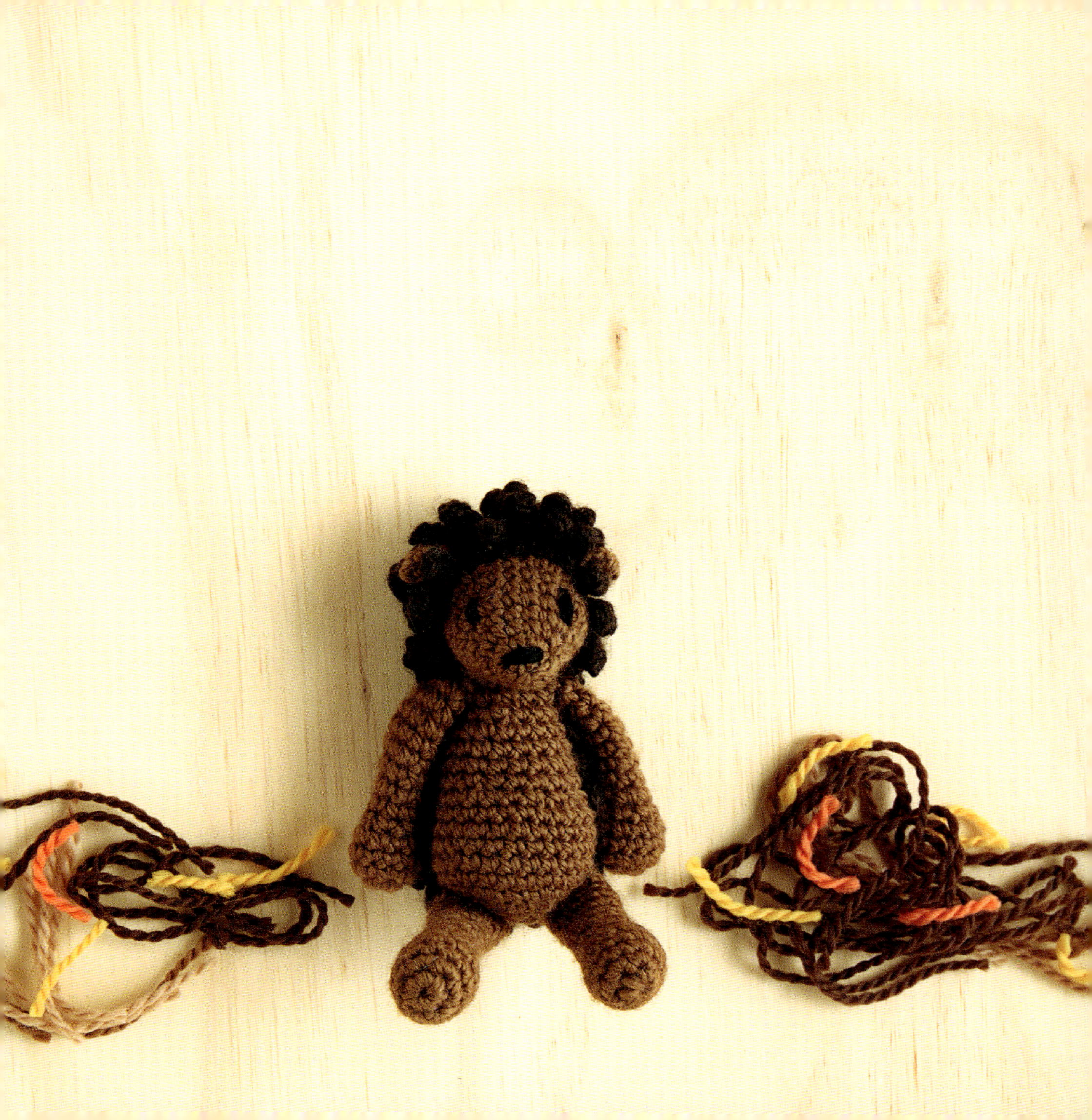

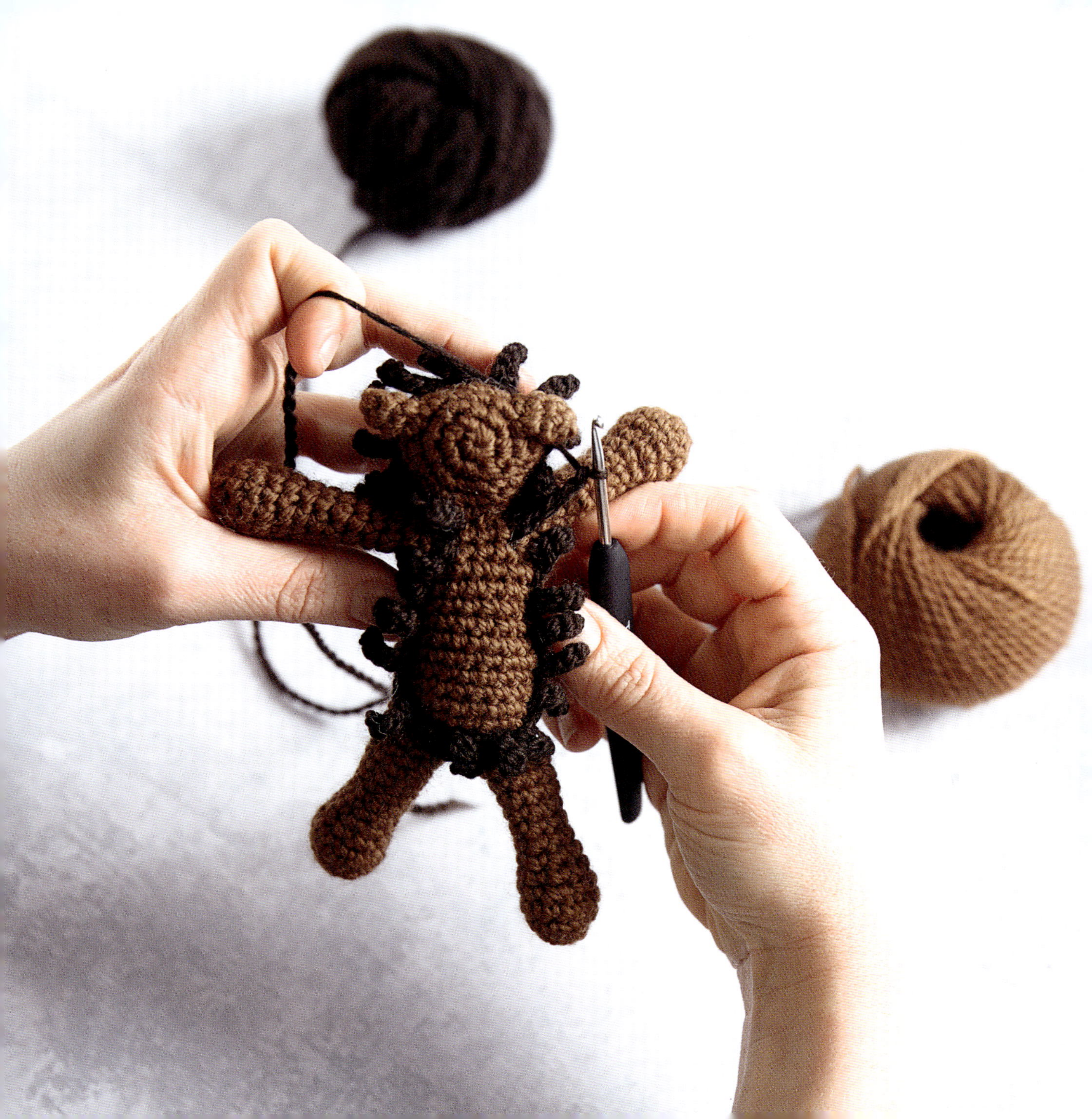

KETTMASCHEN AUFHÄKELN

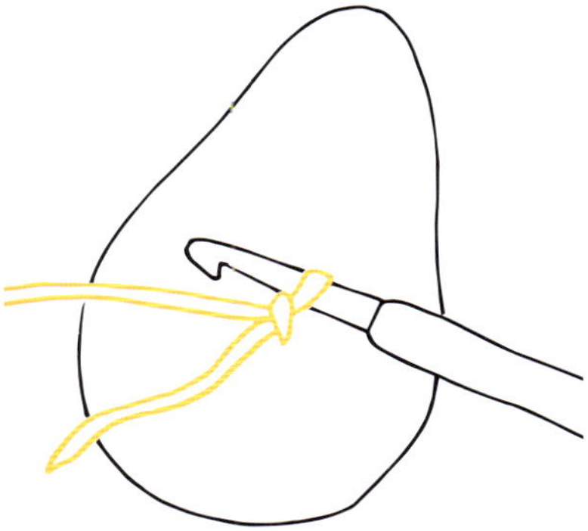

1 Mit der Häkelnadel unter einer Masche oder Reihe durchstechen.

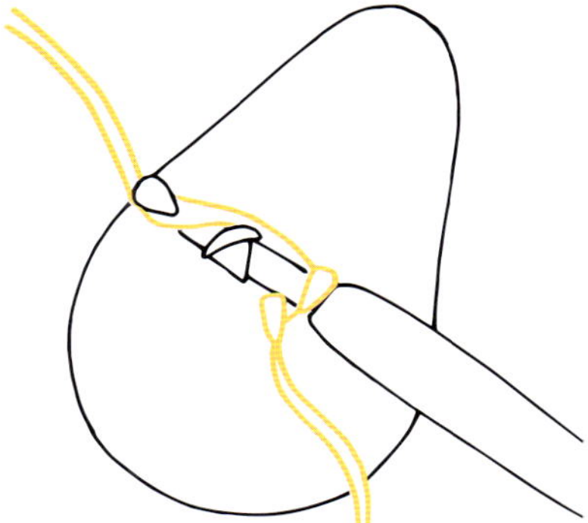

2 Den Faden erfassen und in einem Zug durch die Masche und die Schlaufe auf der Nadel ziehen (1 Kettmasche).

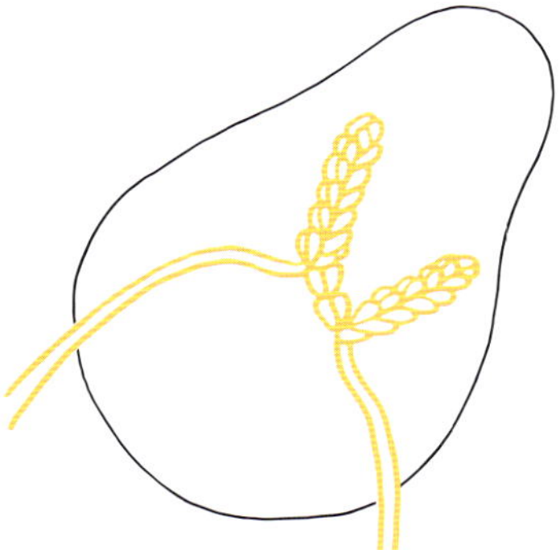

3 In der gewünschten Richtung auf der Oberfläche des Maschenwerks wiederholen.

KETTMASCHENKETTE

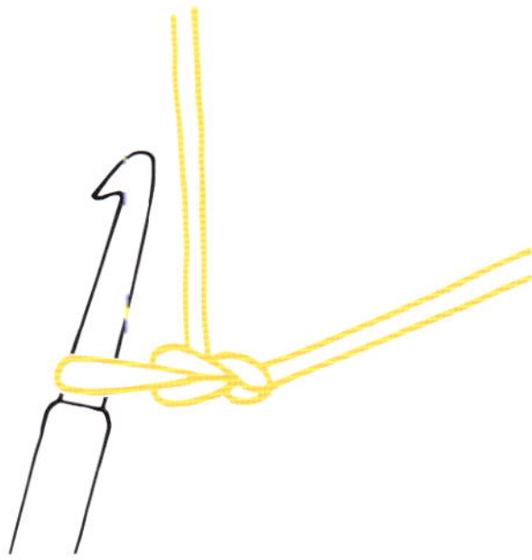

1 Die Häkelnadel an der gewünschten Stelle in ein Teil stechen und eine Schlaufe durchholen.

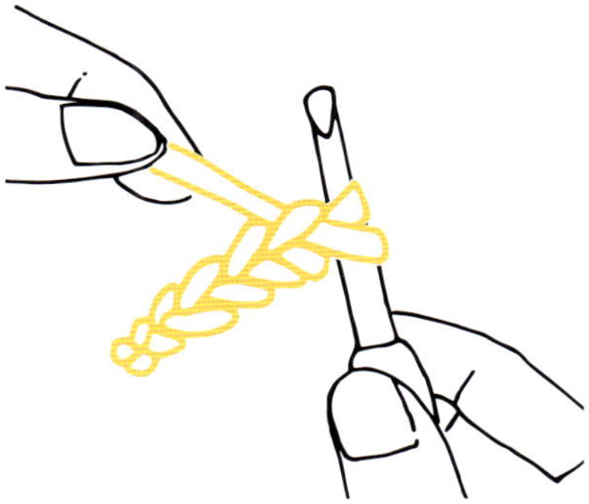

2 Die angegebene Anzahl von Luftmaschen häkeln.

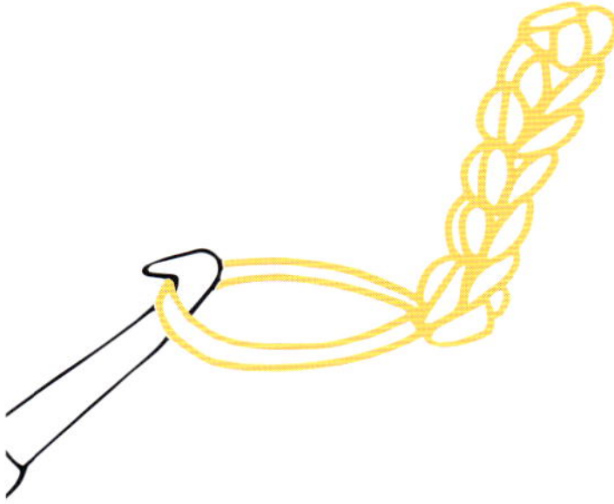

3 In die zuletzt gehäkelte Luftmasche einstechen. Den Faden erfassen, durch die Masche und die Schlaufe auf der Nadel ziehen (1 Kettmasche). In jede weitere Luftmasche ebenso eine Kettmasche häkeln. Am Ende liegt eine Masche auf der Nadel.

GANS

FARBEN | OATMEAL, YELLOW

KÖRPER / KOPF
Verwendete Farbe: Oatmeal
Beginnen Sie mit 6 fM im Anfangsring.
1. Rd: (2 fM in die nächste M) 6x (12)
2. Rd: (1 fM, 2 fM in die nächste M) 6x (18)
3. Rd: (2 fM, 2 fM in die nächste M) 6x (24)
4. Rd: (3 fM, 2 fM in die nächste M) 6x (30)
5.–12. Rd: fM (8 Rd)
13. Rd: (3 fM, 2 fM zus) 6x (24)
14. Rd: (2 fM zus) 12x (12)
15. Rd: (2 fM zus) 6x (6)
16.–18. Rd: fM (3 Rd)
19. Rd: (2 fM in die nächste M) 6x (12)
20. Rd: (2 fM in die nächste M) 12x (24)
21. Rd: (3 fM, 2 fM in die nächste M) 6x (30)
22.–24. Rd: fM (3 Rd)
25. Rd: (3 fM, 2 fM zus) 6x (24)
26. Rd: (2 fM, 2 fM zus) 6x (18)
27. Rd: (1 fM, 2 fM zus) 6x (12)
28. Rd: (2 fM zus) 6x (6)

BEINE (2x)
Verwendete Farbe: Yellow
5 Lm mit einer Km zum Ring schließen.
1.–4. Rd: fM (4 Rd)
5. Rd: (2 fM in die nächste M) 5x (10)
6. Rd: fM
7. Rd: (4 fM, 2 fM in die nächste M) 2x (12)
8. Rd: (5 fM, 2 fM in die nächste M) 2x (14)
9. Rd: (6 fM, 2 fM in die nächste M) 2x (16)
10. Rd: fM
Flach zusammenfalten und die »Zehenkante« mit festen Maschen zusammenhäkeln (siehe Seite 24)
Nicht ausstopfen.

FLÜGEL (2x)
Verwendete Farbe: Oatmeal
Beginnen Sie mit 6 fM im Anfangsring.
1. Rd: (2 fM in die nächste M) 6x (12)
2. Rd: fM
3. Rd: (4 fM, 2 fM zus) 2x (10)
4. Rd: (3 fM, 2 fM zus) 2x (8)
5. Rd: (2 fM, 2 fM zus) 2x (6)
6. Rd: (1 fM, 2 fM zus) 2x (4)
Nicht ausstopfen.

SCHNABEL
Verwendete Farbe: Yellow
Beginnen Sie mit 6 fM im Anfangsring.
1. Rd: (2 fM in die nächste M) 6x (12)
2.–4. Rd: fM (3 Rd)
5. Rd: (2 fM, 2 fM zus) 3x (9)
6. Rd: (2 fM, 2 fM in die nächste M) 3x (12)
7. Rd: (3 fM, 2 fM in die nächste M) 3x (15)
Nicht ausstopfen.

Alle Teile zusammennähen (siehe Seite 23). Zuletzt die Augen mit schwarzem Garn aufsticken.

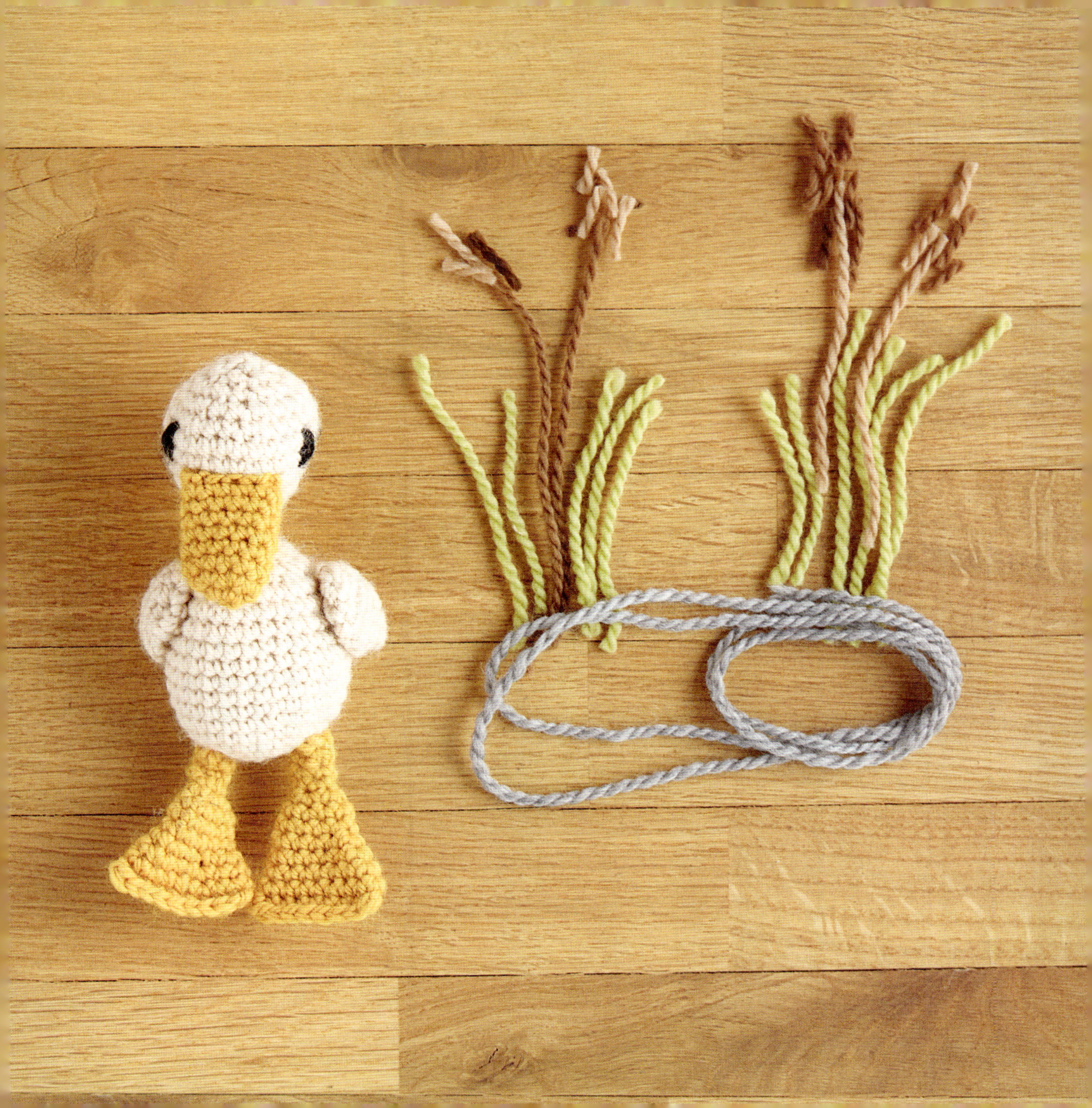

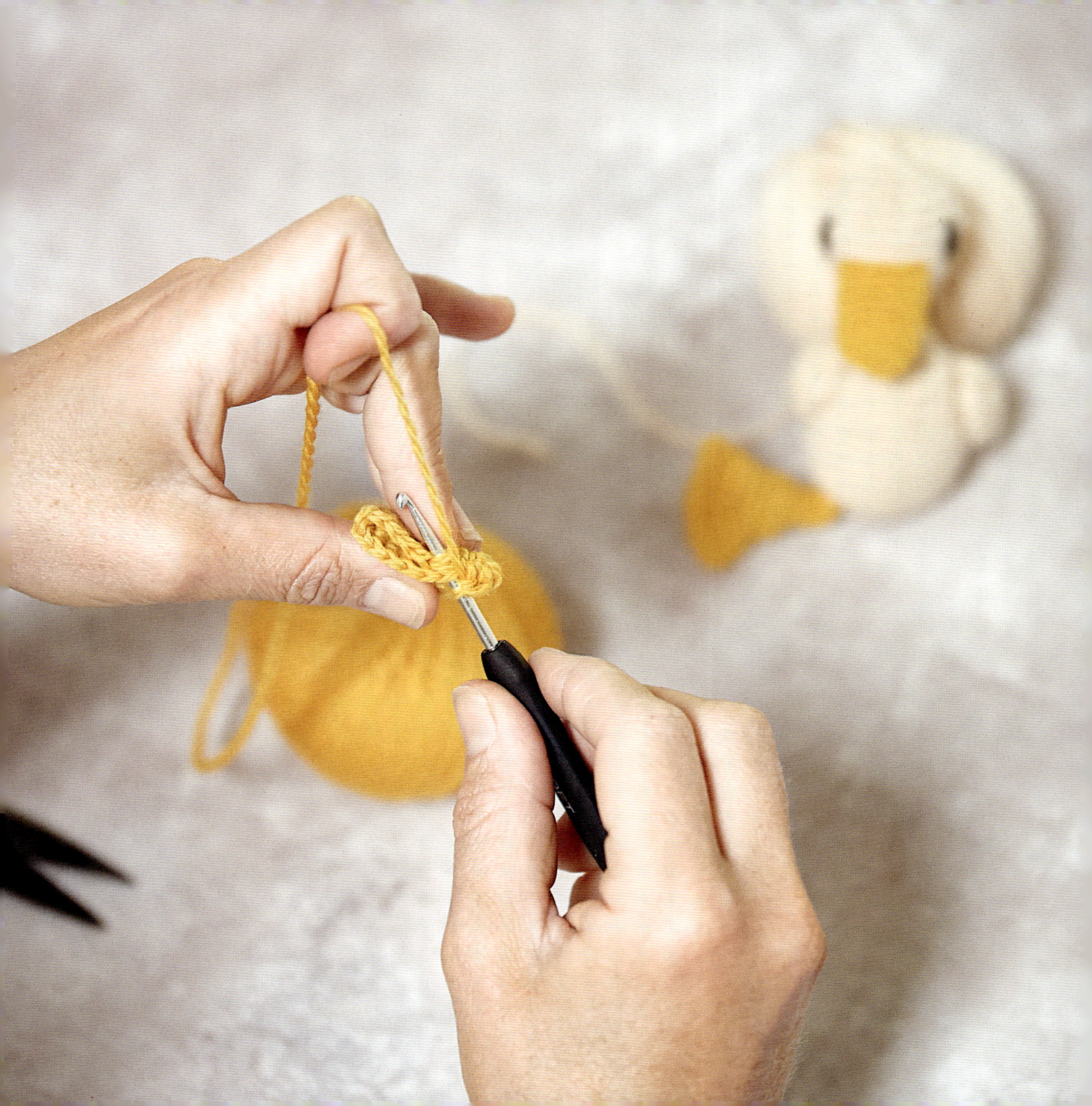

RING AUS LUFTMASCHEN HÄKELN UND SCHLIESSEN

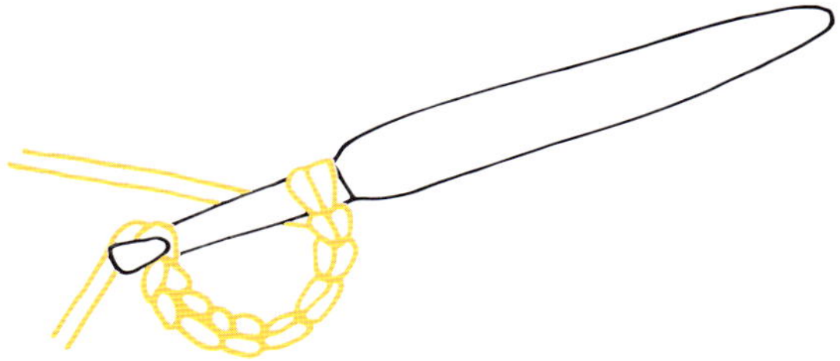

1 Die angegebene Zahl von Luftmaschen häkeln. Dann in die Masche nach der Anfangsschlinge einstechen, dabei die Maschen nicht verdrehen.

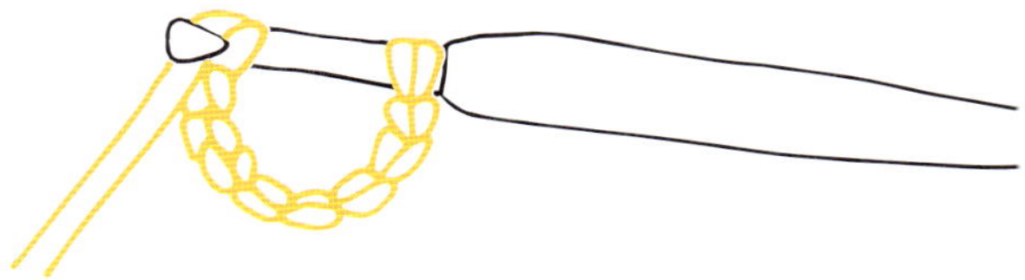

2 Den Faden erfassen ...

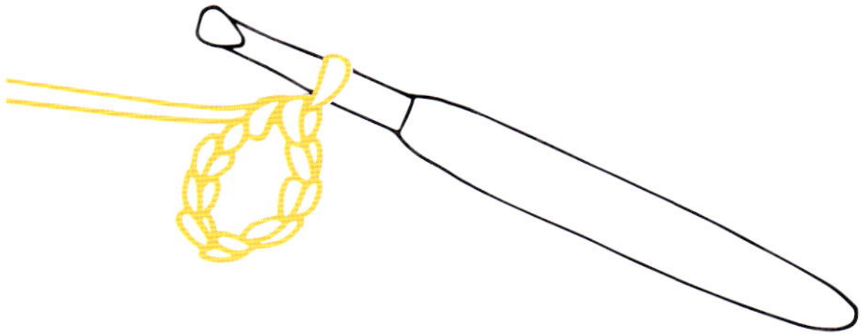

3 ... und in einem Zug durch die Masche und die Schlaufe auf der Nadel ziehen.

FROSCH

FARBE | GREEN

KÖRPER / KOPF

Beginnen Sie mit 6 fM im Anfangsring.
1. Rd: (1 fM, 2 fM in die nächste M) 3x (9 M)
2. Rd: (2 fM, 2 fM in die nächste M) 3x (12)
3. Rd: (2 fM in die nächste M) 2x, 4 fM, (2 fM in die nächste M) 2x, 4 fM (16)
4. Rd: 1 fM, (2 fM in die nächste M) 2x, 6 fM, (2 fM in die nächste M) 2x, 5 fM (20)
5.–7. Rd: fM (3 Rd)
8. Rd: 2 fM zus, 6 fM, (2 fM zus) 2x, 6 fM, 2 fM zus (16)
9. Rd: fM
10. Rd: (2 fM zus, 6 fM) 2x (14)
11. Rd: (5 fM, 2 fM zus) 2x (12)
12. Rd: (2 fM, 2 fM zus) 3x (9)
13. Rd: (1 fM, 2 fM zus) 3x (6)
14. Rd: (2 fM in die nächste M) 6x (12)
15. Rd: (1 fM, 2 fM in die nächste M) 6x (18)
16. Rd: (5 fM, 2 fM in die nächste M) 3x (21)
17.–18. Rd: fM (2 Rd)
19. Rd: 4 fM, (2 fM zus) 4x, 9 fM (17)
20. Rd: (1 fM, 2 fM zus) 5x, 2 fM (12)
21. Rd: (2 fM zus) 6x (6)

BEINE (4x)

6 Lm mit einer Km zum Ring schließen (siehe Seite 43).
1.–6. Rd: fM (6 Rd)
7. Rd: 2 fM zus, 4 fM (5)
Am Ende des Beins vier Kettmaschenketten für die Zehen arbeiten (siehe Seite 39):
Zeh 1: 4 Lm, wenden, 4 Km
Zeh 2: 5 Lm, wenden, 5 Km
Zeh 3: 6 Lm, wenden, 6 Km
Zeh 4: 5 Lm, wenden, 5 Km
Nicht ausstopfen.

AUGEN (2x)

Beginnen Sie mit 6 fM im Anfangsring.
1.–2. Rd: fM (2 Rd)
Die Augen an den Kopf nähen.

Alle Teile zusammennähen (siehe Seite 23). Zuletzt die Pupillen mit schwarzem Garn aufsticken.

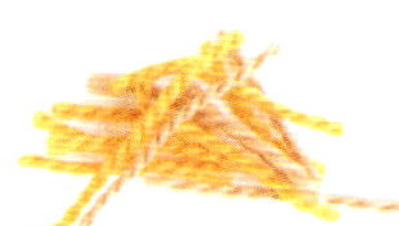

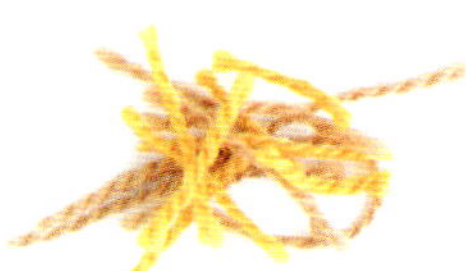

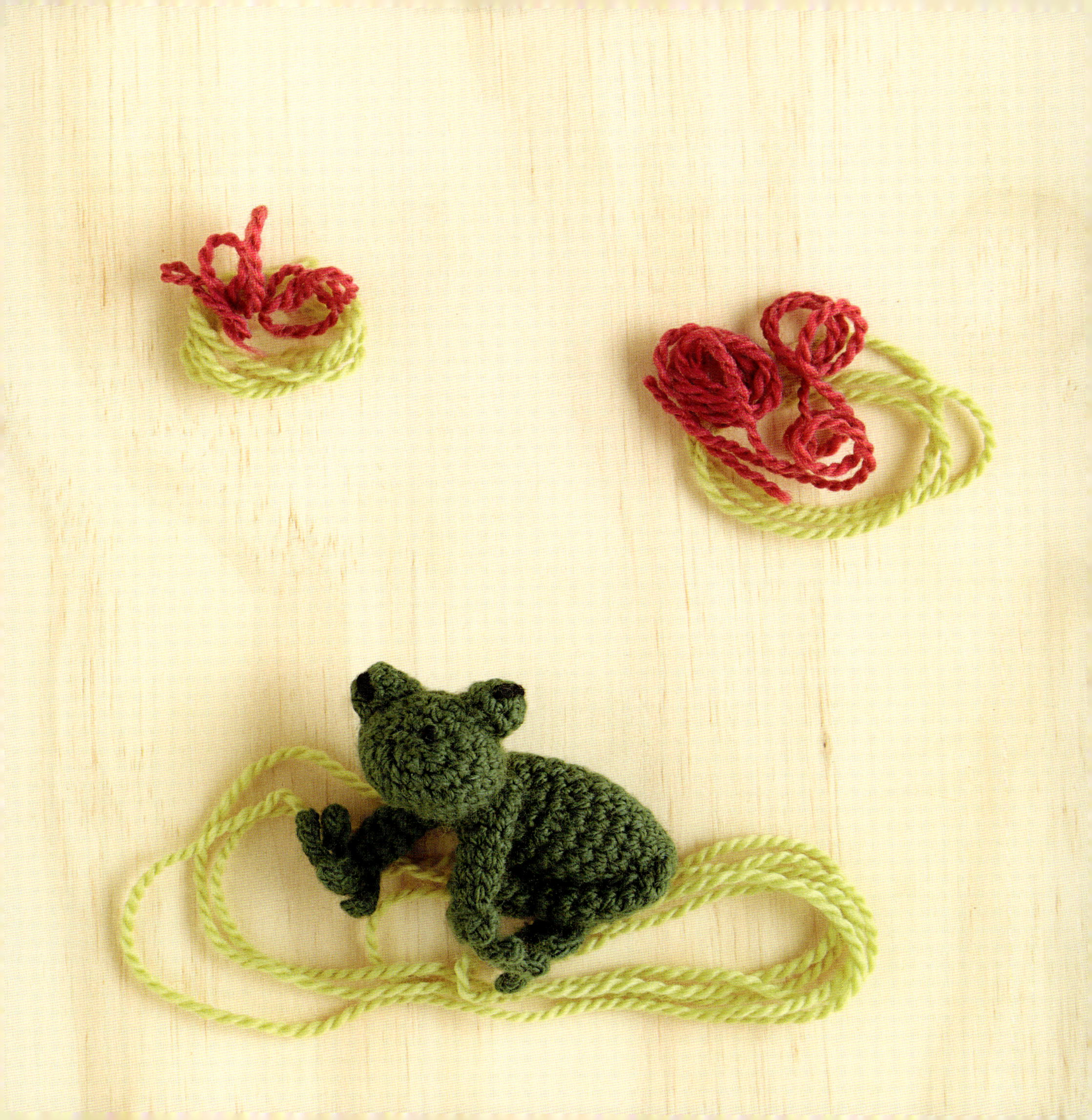

SCHÄFCHEN ZÄHLEN

Häkeln Sie doch eine kleine Schafherde, vielleicht in leicht unterschiedlichen Farben und mit verschiedenen Fellstrukturen. Und vergessen Sie auf keinen Fall Hunde, die Ihre Herde hüten!

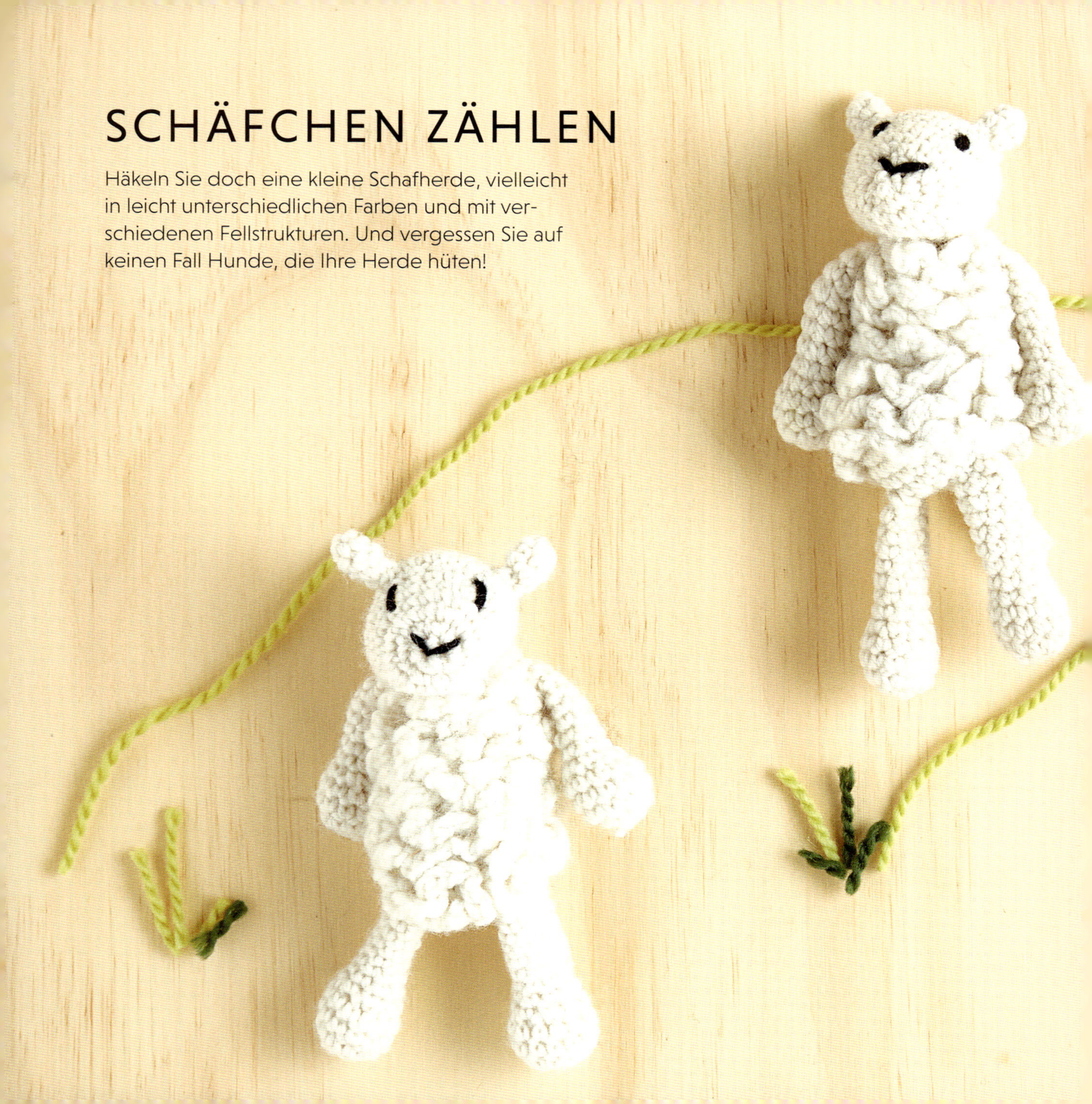

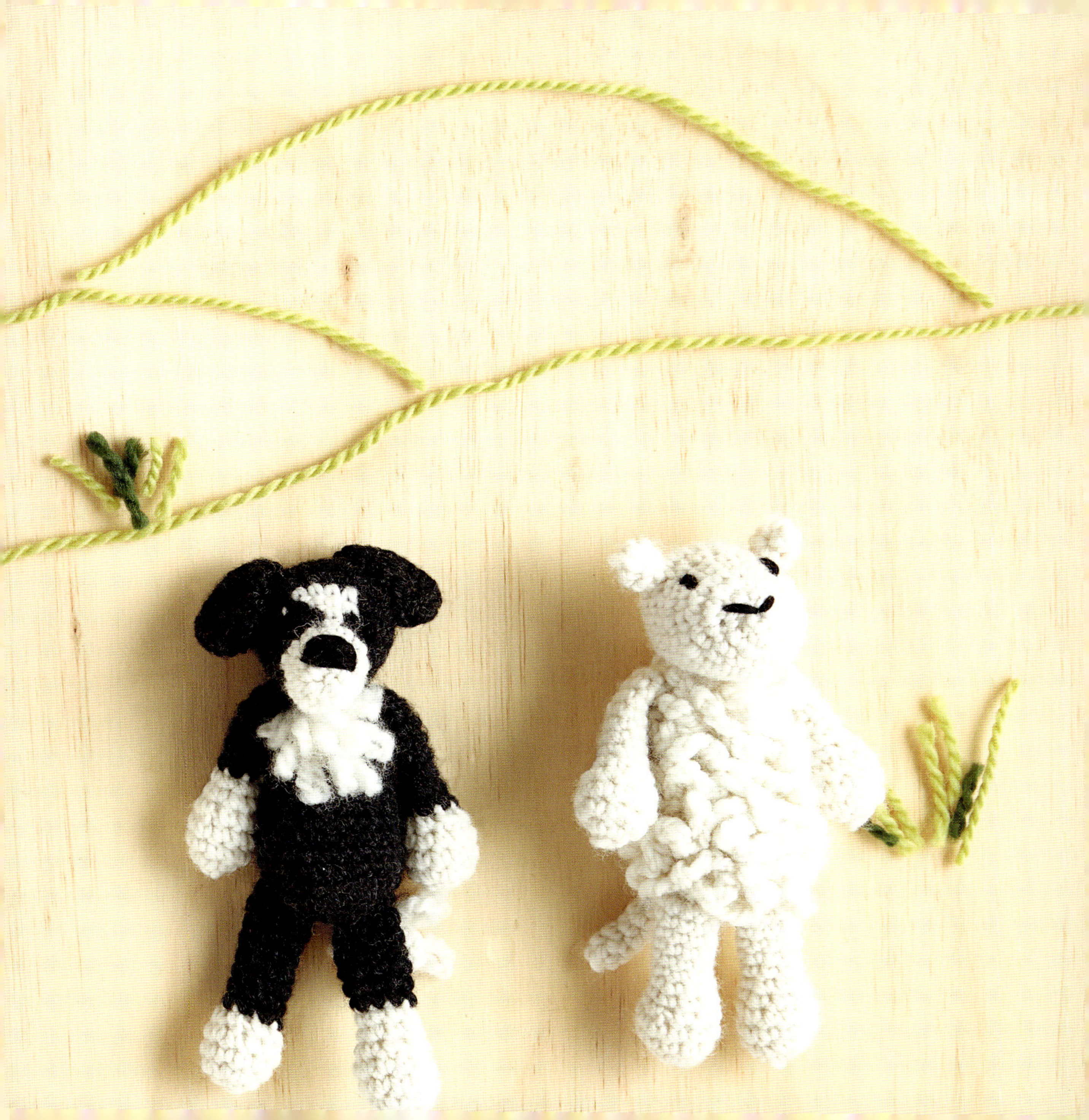

KÜKEN

FARBEN | YELLOW, CAMEL

KÖRPER / KOPF
Verwendete Farbe: Yellow
Beginnen Sie mit 6 fM im Anfangsring.
1. Rd: (2 fM in die nächste M) 6x (12)
2. Rd: (1 fM, 2 fM in die nächste M) 6x (18)
3. Rd: (2 fM, 2 fM in die nächste M) 6x (24)
4. Rd: (3 fM, 2 fM in die nächste M) 6x (30)
5.–12. Rd: fM (8 Rd)
13. Rd: (3 fM, 2 fM zus) 6x (24)
14. Rd: (2 fM zus) 12x (12)
15. Rd: (2 fM zus) 6x (6)
16. Rd: (2 fM in die nächste M) 6x (12)
17. Rd: (2 fM in die nächste M) 12x (24)
18. Rd: (3 fM, 2 fM in die nächste M) 6x (30)
19.–21. Rd: fM (3 Rd)
22. Rd: (3 fM, 2 fM zus) 6x (24)
23. Rd: (2 fM, 2 fM zus) 6x (18)
24. Rd: (1 fM, 2 fM zus) 6x (12)
25. Rd: (2 fM zus) 6x (6)

BEINE (2x)
Verwendete Farbe: Camel
4 Lm mit einer Km zum Ring schließen.
1.–3. Rd: fM (3 Rd)
4. Rd: (1 fM, 2 fM in die nächste M) 2x (6)
5. Rd: (2 fM in die nächste M) 6x (12)
In 3 Runden mit je 4 Maschen teilen (siehe Seite 51). Jeden **Zeh** wie folgt häkeln:
1.–4. Rd: fM (4 Rd)
Nicht ausstopfen.

FLÜGEL (2x)
Verwendete Farbe: Yellow
Beginnen Sie mit 6 fM im Anfangsring.
1. Rd: (2 fM in die nächste M) 6x (12)
2. Rd: fM
3. Rd: (4 fM, 2 fM zus) 2x (10)
4. Rd: (3 fM, 2 fM zus) 2x (8)
5. Rd: (2 fM, 2 fM zus) 2x (6)
6. Rd: (1 fM, 2 fM zus) 2x (4)
Nicht ausstopfen.

SCHNABEL
Verwendete Farbe: Camel
8 Lm mit einer Km zum Ring schließen.
1.–2. Rd: fM (2 Rd)
3. Rd: (2 fM zus) 4x (4 M)
Leicht ausstopfen und an den Kopf nähen.

SCHWANZ
Verwendete Farbe: Yellow
3 Kettmaschenketten über 7 Lm häkeln (siehe Seite 39) und an den Körper nähen.

Alle Teile zusammennähen (siehe Seite 23). Zuletzt die Augen mit schwarzem Garn aufsticken.

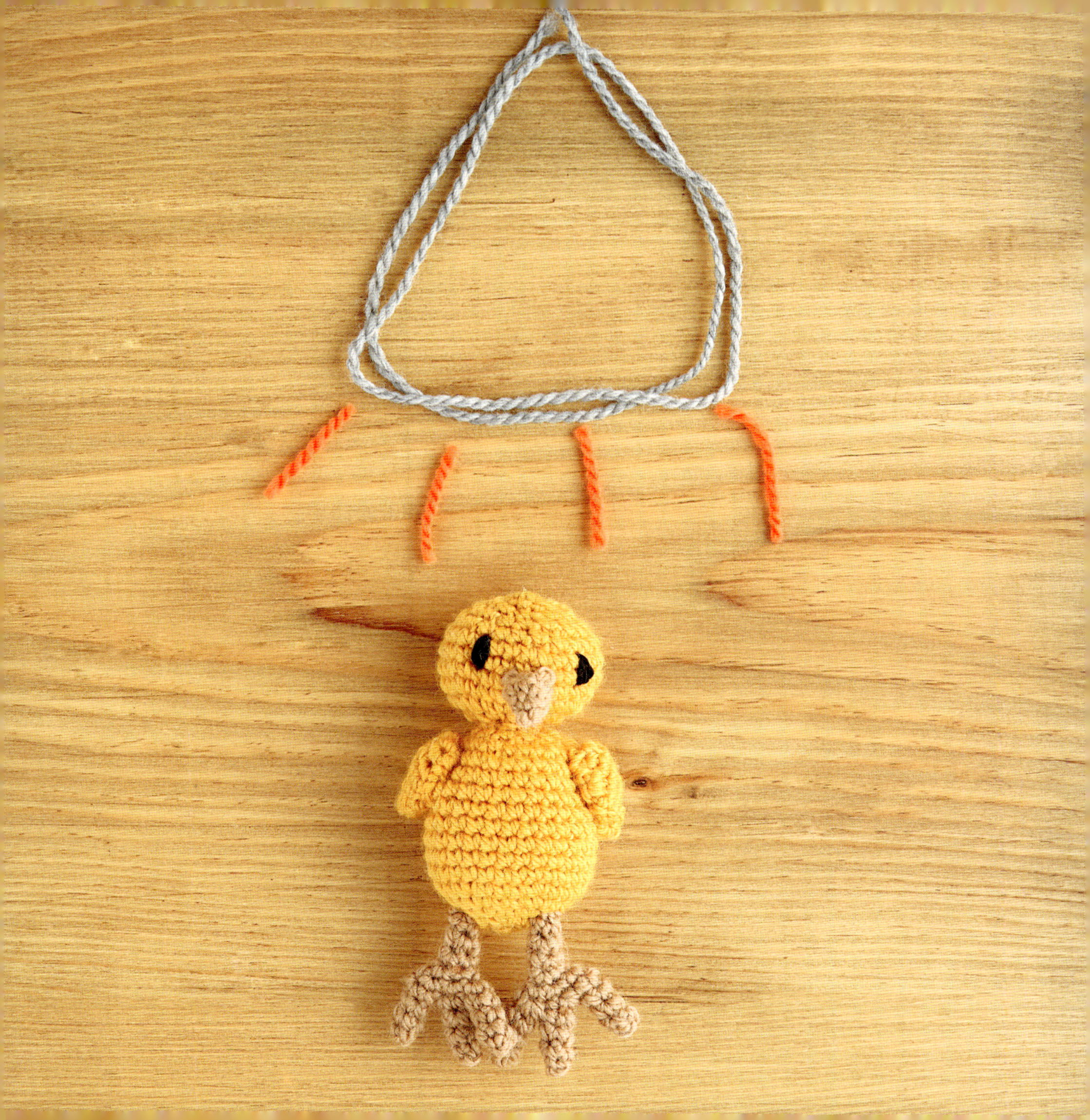

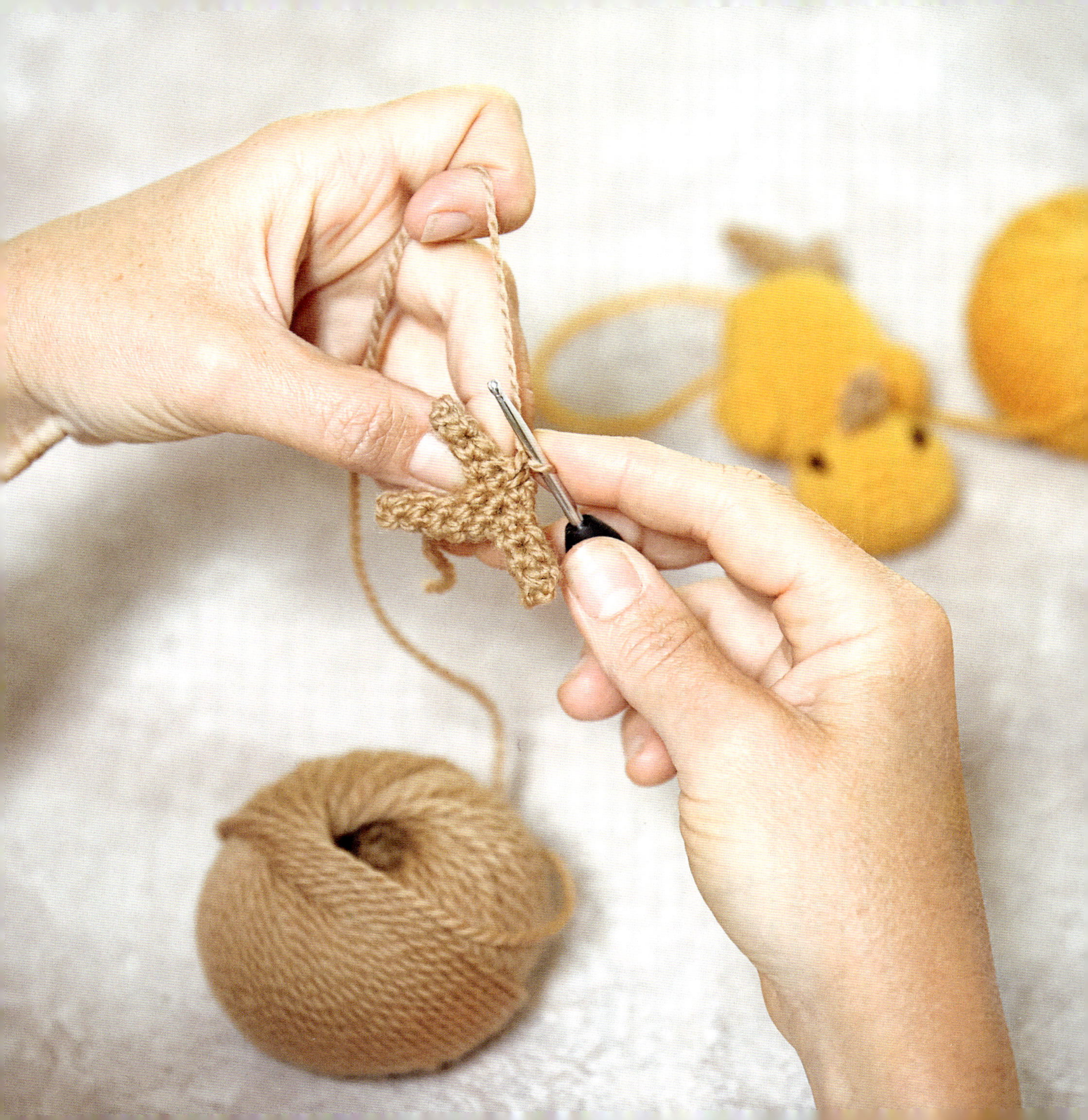

RUNDEN TEILEN

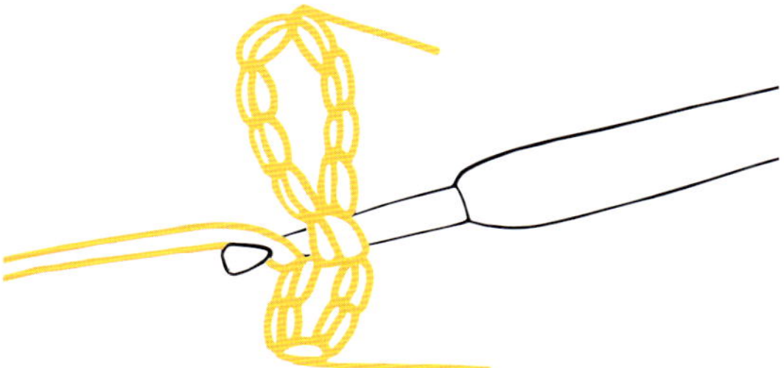

1 Von der Arbeitsmasche aus die angegebene Maschenzahl rückwärts zählen. In die so erreichte Masche quer über die Runde eine feste Masche häkeln.

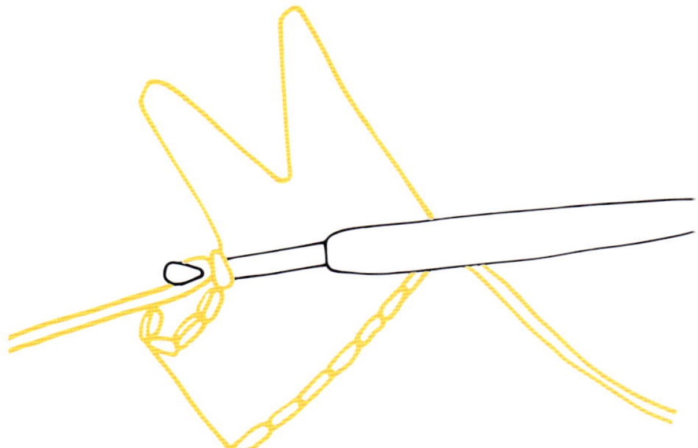

2 Die kleine Runde gemäß Anleitung beenden. Dann an der Masche, die als nächstes an der Reihe gewesen wäre, neu beginnen.

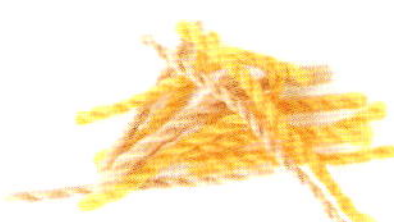

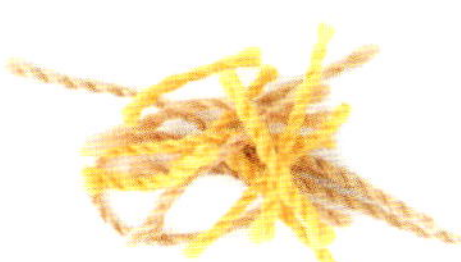

ESEL

FARBEN | MUSHROOM, OATMEAL

KÖRPER
Verwendete Farbe: Mushroom
Beginnen Sie mit 6 fM im Anfangsring.
1. Rd: (2 fM in die nächste M) 6x (12)
2. Rd: (1 fM, 2 fM in die nächste M) 6x (18)
3. Rd: (2 fM, 2 fM in die nächste M) 6x (24)
4.–8. Rd: fM (5 Rd)
9. Rd: 9 fM, (2 fM zus) 3x, 9 fM (21)
10. Rd: (5 fM, 2 fM zus) 3x (18)
11.–13. Rd: fM (3 Rd)
14. Rd: (4 fM, 2 fM zus) 3x (15)
15. Rd: (3 fM, 2 fM zus) 3x (12)
16. Rd: (2 fM zus) 6x (6)

KOPF
Verwendete Farbe: Mushroom
Beginnen Sie mit 6 fM im Anfangsring.
1. Rd: (2 fM in die nächste M) 6x (12)
2. Rd: (1 fM, 2 fM in die nächste M) 6x (18)
3. Rd: (2 fM, 2 fM in die nächste M) 6x (24)
4.–6. Rd: fM (3 Rd)
7. Rd: (2 fM, 2 fM zus) 6x (18)
8. Rd: (1 fM, 2 fM zus) 6x (12)
9. Rd: fM
Fortfahren mit Farbe Oatmeal.
10. Rd: fM
11. Rd: (3 fM, 2 fM in die nächste M) 3x (15)
12. Rd: (1 fM, 2 fM zus) 5x (10)
13. Rd: (2 fM zus) 5x (5)

BEINE (4x)
Verwendete Farbe: Oatmeal
Beginnen Sie mit 6 fM im Anfangsring.
1. Rd: (2 fM in die nächste M) 6x (12)
2. Rd: fM
Fortfahren mit Farbe Mushroom.
3. Rd: fM
4. Rd: (1 fM, 2 fM zus) 4x (8)
5.–12. Rd: fM (8 Rd)
Nur das untere Ende ausstopfen, das obere Ende flach zusammennähen.

OHREN (2x)
Verwendete Farbe: Mushroom
Beginnen Sie mit 6 fM im Anfangsring.
1.–2. Rd: fM (2 Rd)
3. Rd: 2 fM zus, 4 fM (5)
4. Rd: 2 fM zus, 3 fM (4)
Nicht ausstopfen.

SCHWANZ
Verwendete Farbe: Mushroom
1 Km an der Position des Schwanzes, 3 Lm, 2 Luftmaschenbögen à 4 Lm in die letzte Lm häkeln (siehe Seite 55).

MÄHNE
Verwendete Farbe: Mushroom
Am Hinterkopf und zwischen den Ohren Luftmaschenbögen (siehe Seite 33) à 6 Lm häkeln.

Alle Teile zusammennähen (siehe Seite 23). Zuletzt die Augen mit schwarzem Garn aufsticken.

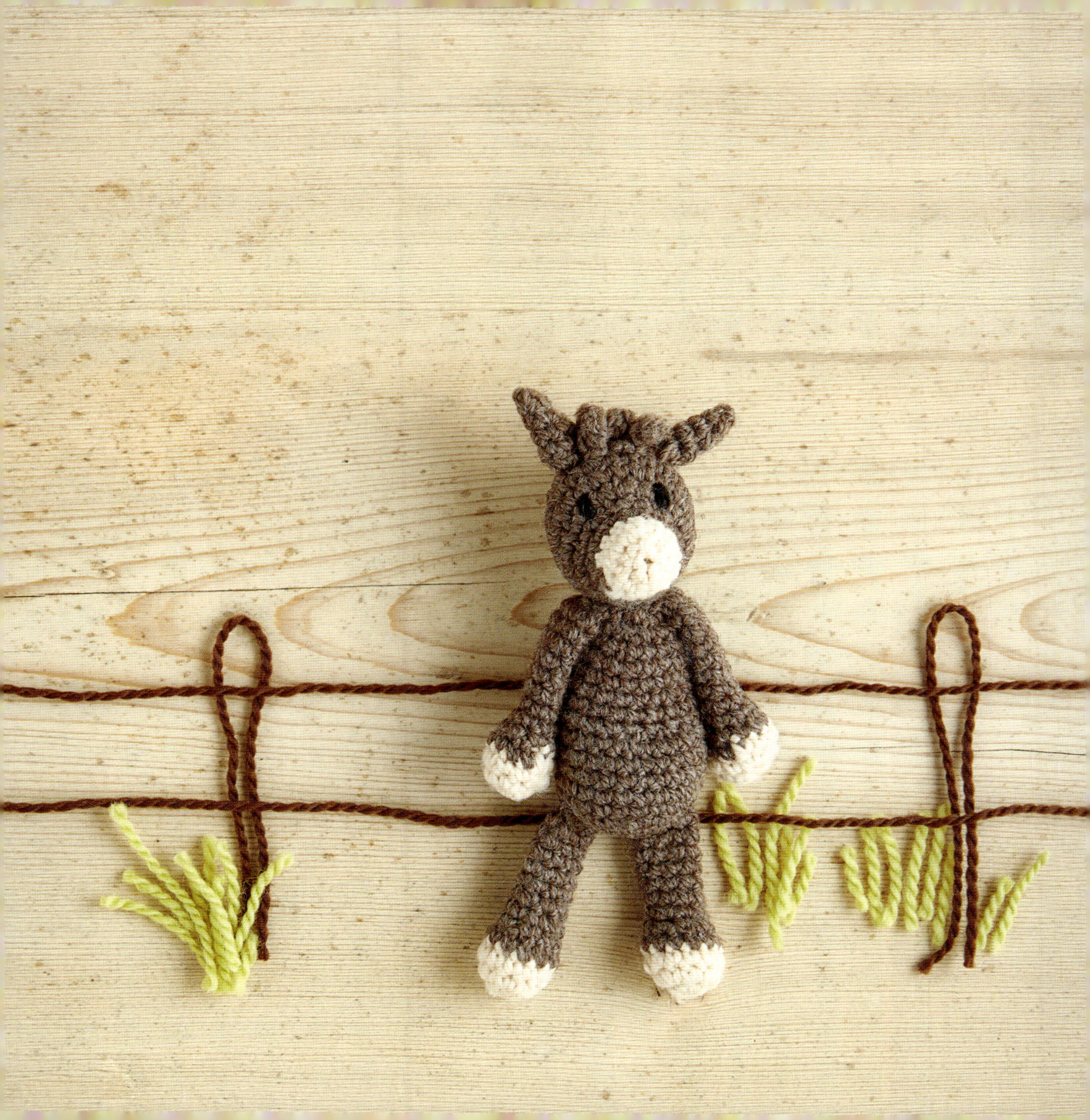

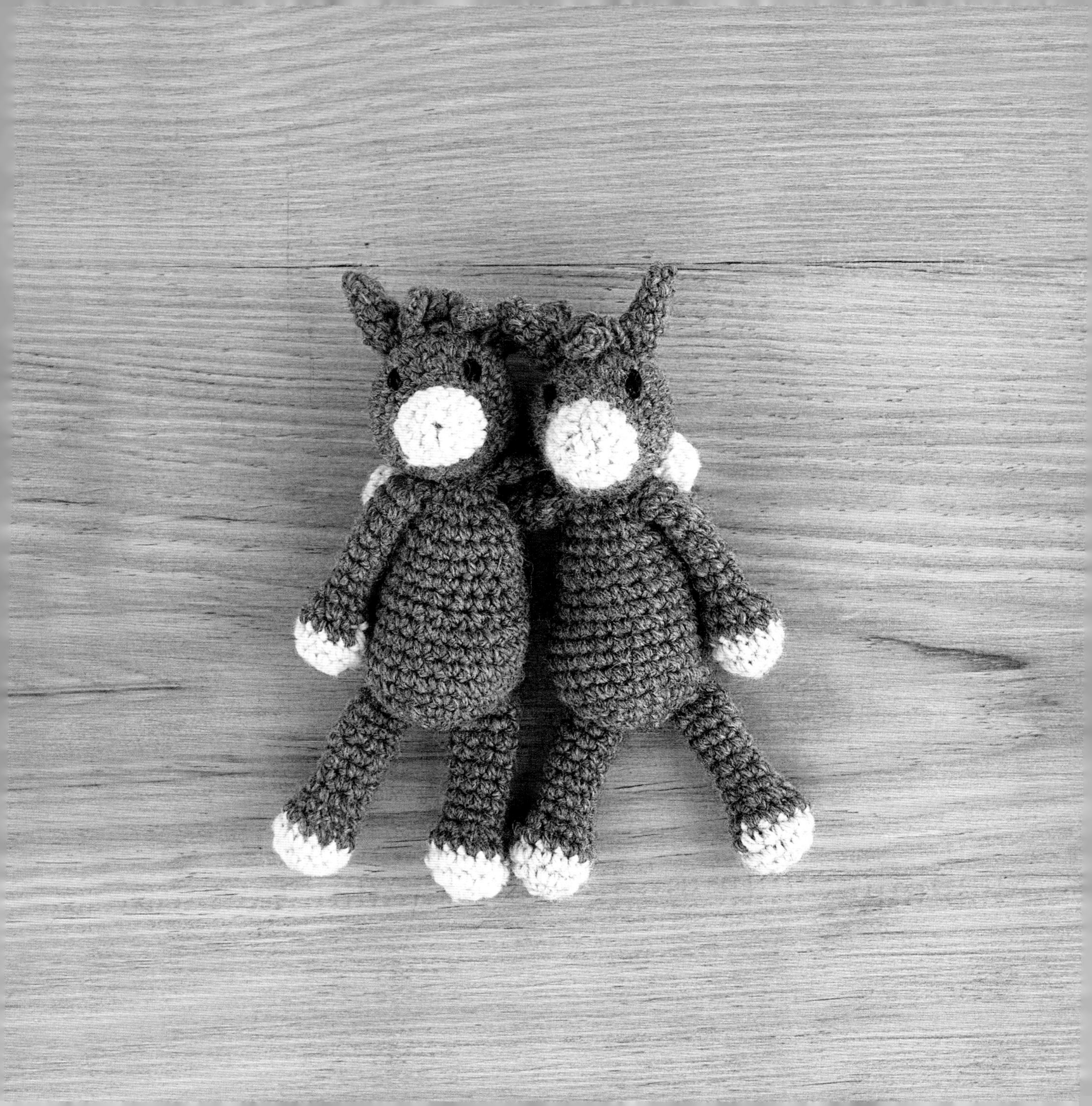

SCHWANZ MIT LUFTMASCHENBÖGEN

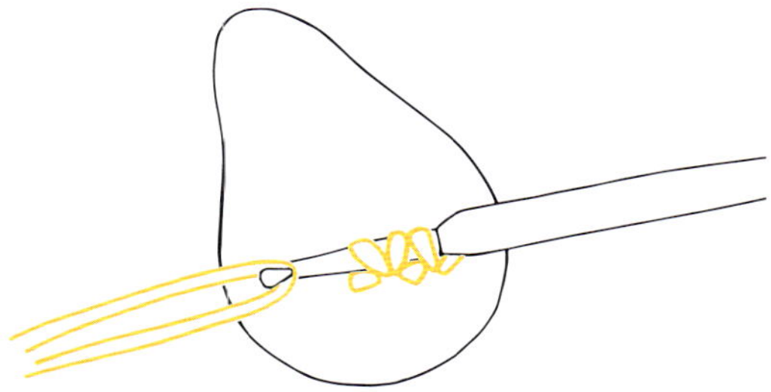

1 Mit der Häkelnadel unter einer Masche des Rumpfs durchstechen. Einen doppelten Faden durchholen.

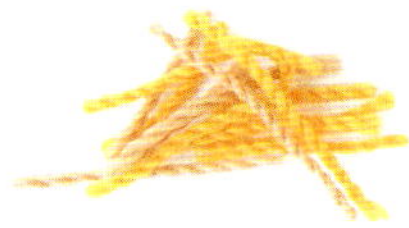

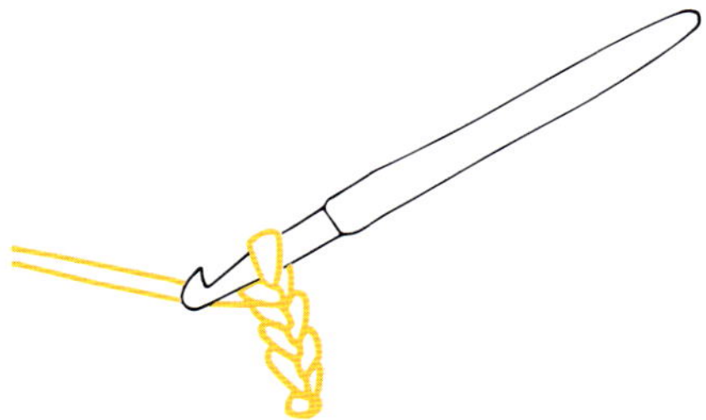

2 Mit dem nun vierfachem Faden die angegebene Zahl von Luftmaschen häkeln.

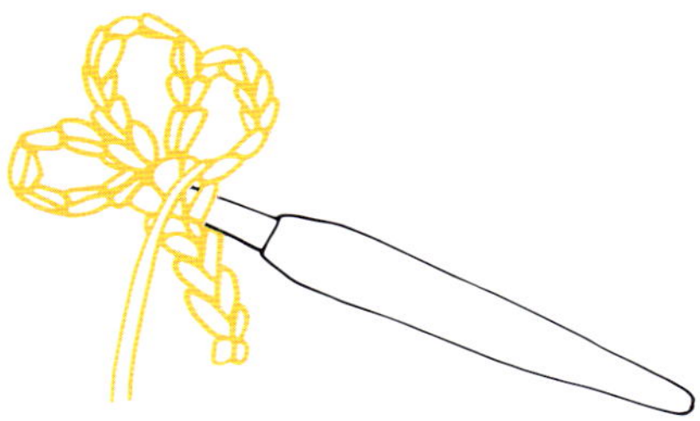

3 Ans Ende (in die letzte Luftmasche) mit einfädigem Garn Luftmaschenbögen mit der angegebenen Anzahl von Luftmaschen häkeln.

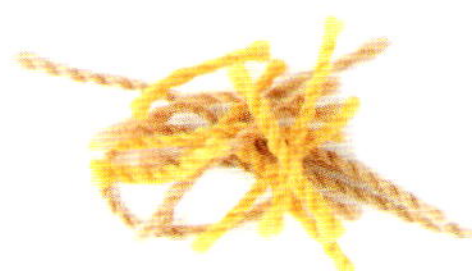

DIE FARBE WECHSELN

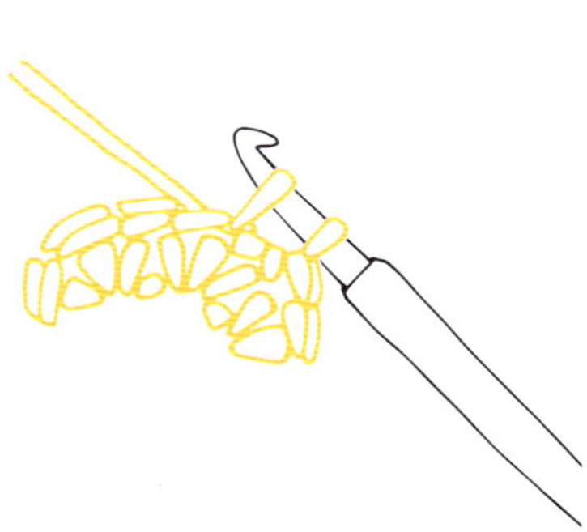

1 Mit der Häkelnadel in die nächste Masche einstechen, den Faden (in der alten Farbe) erfassen und durchholen (= 2 Schlaufen auf der Nadel).

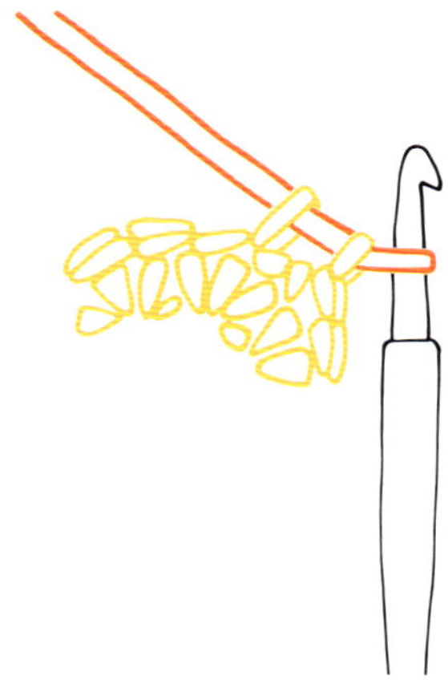

2 Den Faden in der neuen Farbe erfassen und mit diesem die feste Masche beenden.

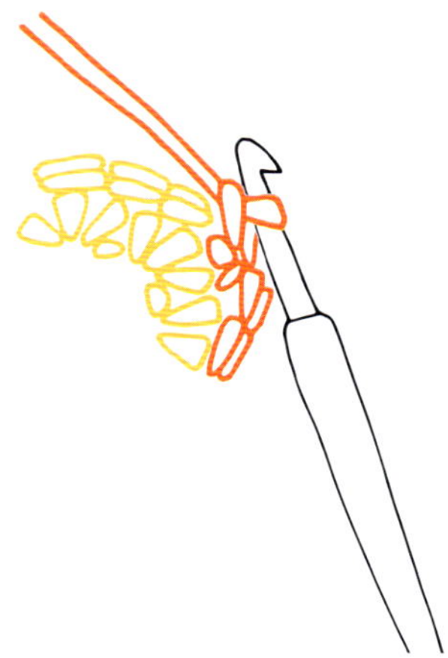

3 Mit der neuen Farbe fortfahren. Die alte Farbe abschneiden oder, wenn die Farbe mehrmals wechselt, auf der linken Seite mitführen.

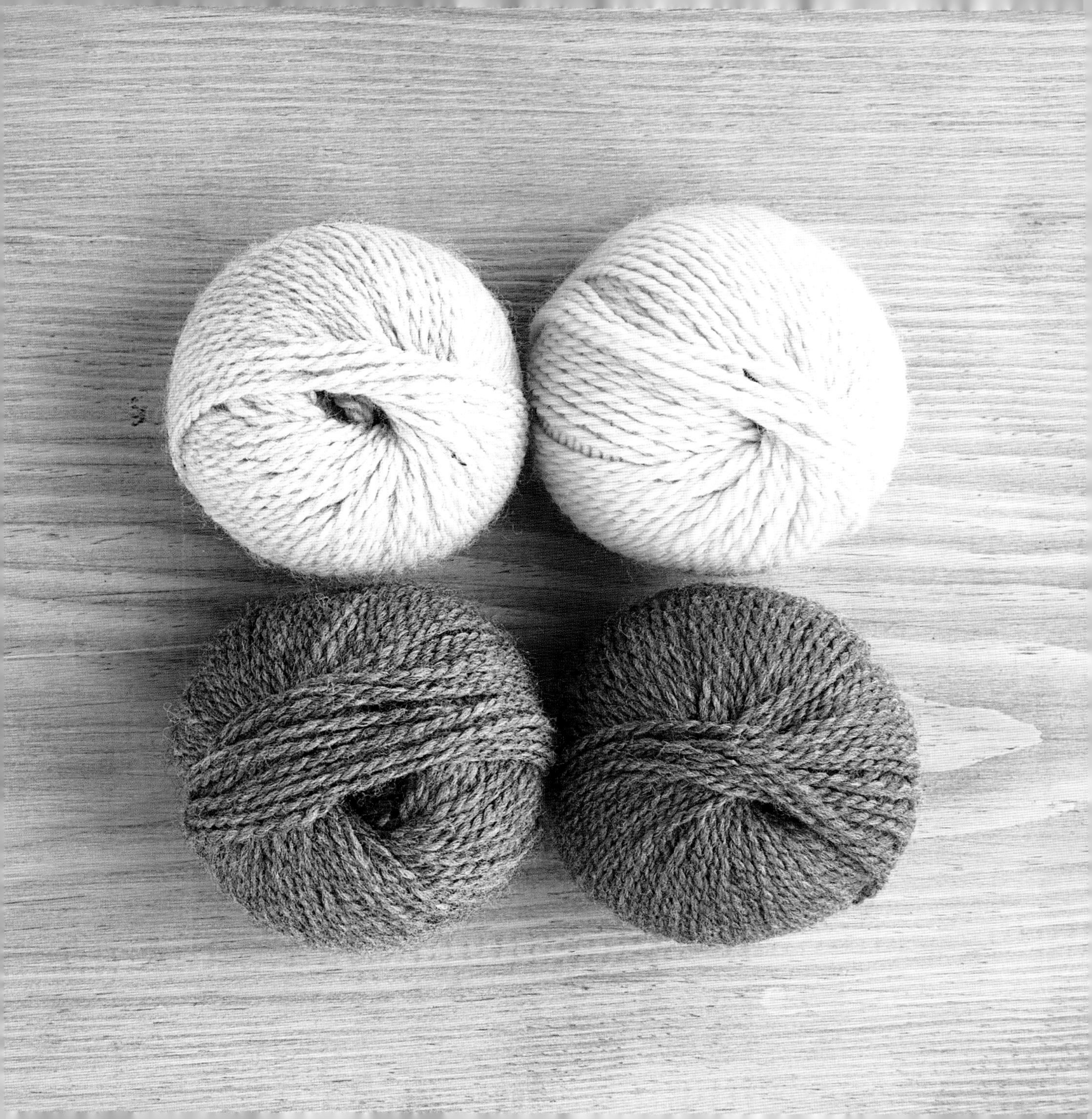

ZIEGE

FARBEN | SILVER, CREAM

KÖRPER
Verwendete Farbe: Silver
Beginnen Sie mit 6 fM im Anfangsring.
1. Rd: (2 fM in die nächste M) 6x (12)
2. Rd: (1 fM, 2 fM in die nächste M) 6x (18)
3. Rd: (2 fM, 2 fM in die nächste M) 6x (24)
4.–8. Rd: fM (5 Rd)
9. Rd: 9 fM, (2 fM zus) 3x, 9 fM (21)
10. Rd: (5 fM, 2 fM zus) 3x (18)
11.–13. Rd: fM (3 Rd)
14. Rd: (4 fM, 2 fM zus) 3x (15)
15. Rd: (3 fM, 2 fM zus) 3x (12)
16. Rd: (2 fM zus) 6x (6)

KOPF
Verwendete Farbe: Silver
Beginnen Sie mit 6 fM im Anfangsring.
1. Rd: (2 fM in die nächste M) 6x (12)
2. Rd: (1 fM, 2 fM in die nächste M) 6x (18)
3. Rd: (2 fM, 2 fM in die nächste M) 6x (24)
4.–6. Rd: fM (3 Rd)
7. Rd: (2 fM, 2 fM zus) 6x (18)
Fortfahren mit Farbe Cream.
8. Rd: (1 fM, 2 fM zus) 6x (12)
9.–10. Rd: fM (2 Rd)
11. Rd: (2 fM zus) 6x (6)

BEINE (4x)
Verwendete Farbe: Cream
Beginnen Sie mit 6 fM im Anfangsring.
1. Rd: (2 fM in die nächste M) 6x (12)
2.–3. Rd: fM (2 Rd)
4. Rd: (1 fM, 2 fM zus) 4x (8)
5. Rd: fM
Fortfahren mit Farbe Silver.
6.–12. Rd: fM (7 Rd)
Nur das untere Ende ausstopfen, das obere Ende flach zusammennähen.

OHREN (2x)
Verwendete Farbe: Silver
Beginnen Sie mit 6 fM im Anfangsring.
1. Rd: (2 fM, 2 fM in die nächste M) 2x (8)
2.–5. Rd: fM (4 Rd)
6. Rd: (2 fM zus, 2 fM) 2x (6)
7. Rd: (2 fM zus, 1 fM) 2x (4)
8. Rd: (2 fM zus) 2x (2)
Nicht ausstopfen.

HÖRNER
Verwendete Farbe: Cream
Zwischen den Ohren zwei Kettmaschenketten über je 3 Luftmaschen häkeln (siehe Seite 39).

BART
Verwendete Farbe: Cream
Unter dem Kinn drei 5er-Luftmaschenbögen (siehe Seite 33) häkeln.

SCHWANZ
Verwendete Farbe: Silver
Schwanz mit Luftmaschenbögen (siehe Seite 55): 1 Km an der Position des Schwanzes, 5 Lm, dann drei Luftmaschenbögen à 3 Lm ans Ende häkeln.
Zuletzt die Augen mit schwarzem Garn aufsticken.

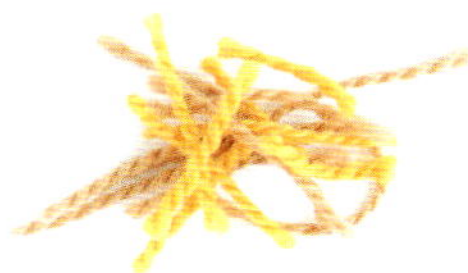

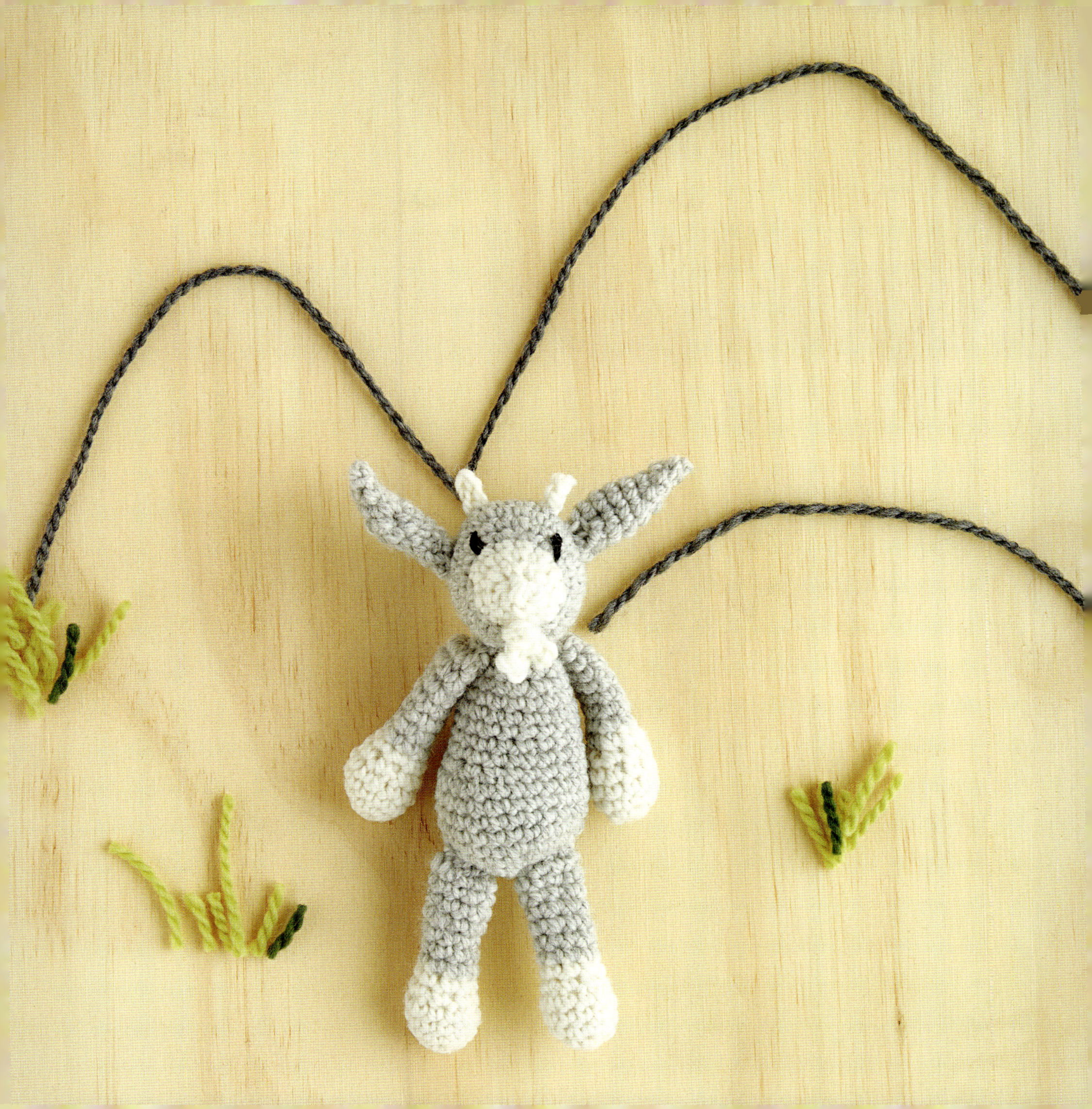

PONY

FARBEN | CAMEL, CREAM

KÖRPER
Verwendete Farbe: Camel
Beginnen Sie mit 6 fM im Anfangsring.
1. Rd: (2 fM in die nächste M) 6x (12)
2. Rd: (1 fM, 2 fM in die nächste M) 6x (18)
3. Rd: (2 fM, 2 fM in die nächste M) 6x (24)
4.–8. Rd: fM (5 Rd)
9. Rd: 9 fM, (2 fM zus) 3x, 9 fM (21)
10. Rd: (5 fM, 2 fM zus) 3x (18)
11.–13. Rd: fM (3 Rd)
14. Rd: (4 fM, 2 fM zus) 3x (15)
15. Rd: (3 fM, 2 fM zus) 3x (12)
16. Rd: (2 fM zus) 6x (6)

KOPF
Verwendete Farbe: Camel
Beginnen Sie mit 6 fM im Anfangsring.
1. Rd: (2 fM in die nächste M) 6x (12)
2. Rd: (1 fM, 2 fM in die nächste M) 6x (18)
3. Rd: (2 fM, 2 fM in die nächste M) 6x (24)
4.–6. Rd: fM (3 Rd)
7. Rd: (2 fM, 2 fM zus) 6x (18)
8. Rd: (1 fM, 2 fM zus) 6x (12)
9.–10. Rd: fM (2 Rd)
11. Rd: (3 fM, 2 fM in die nächste M) 3x (15)
12. Rd: (1 fM, 2 fM zus) 5x (10)
13. Rd: (2 fM zus) 5x (5)

BEINE (4x)
Verwendete Farbe: Cream
Beginnen Sie mit 6 fM im Anfangsring.
1. Rd: (2 fM in die nächste M) 6x (12)
2.–3. Rd: fM (2 Rd)
4. Rd: (1 fM, 2 fM zus) 4x (8)
Fortfahren mit Farbe Camel.
5.–12. Rd: fM (8 Rd)
Nur das untere Ende ausstopfen, das obere Ende flach zusammennähen.

OHREN (2x)
Verwendete Farbe: Camel
Beginnen Sie mit 6 fM im Anfangsring.
1. Rd: fM
2. Rd: 2 fM zus, 4 fM (5 M)
3. Rd: 2 fM zus, 3 fM (4)
Nicht ausstopfen.

SCHWANZ
Verwendete Farbe: Cream
An der Position des Schwanzes drei Luftmaschenbögen à 15 Lm häkeln (siehe Seite 33).

MÄHNE
Verwendete Farbe: Cream
Am Hinterkopf und zwischen den Ohren Luftmaschenbögen (siehe Seite 33) à 8 Lm häkeln.

Alle Teile zusammennähen (siehe Seite 23). Zuletzt die Augen mit schwarzem Garn aufsticken.

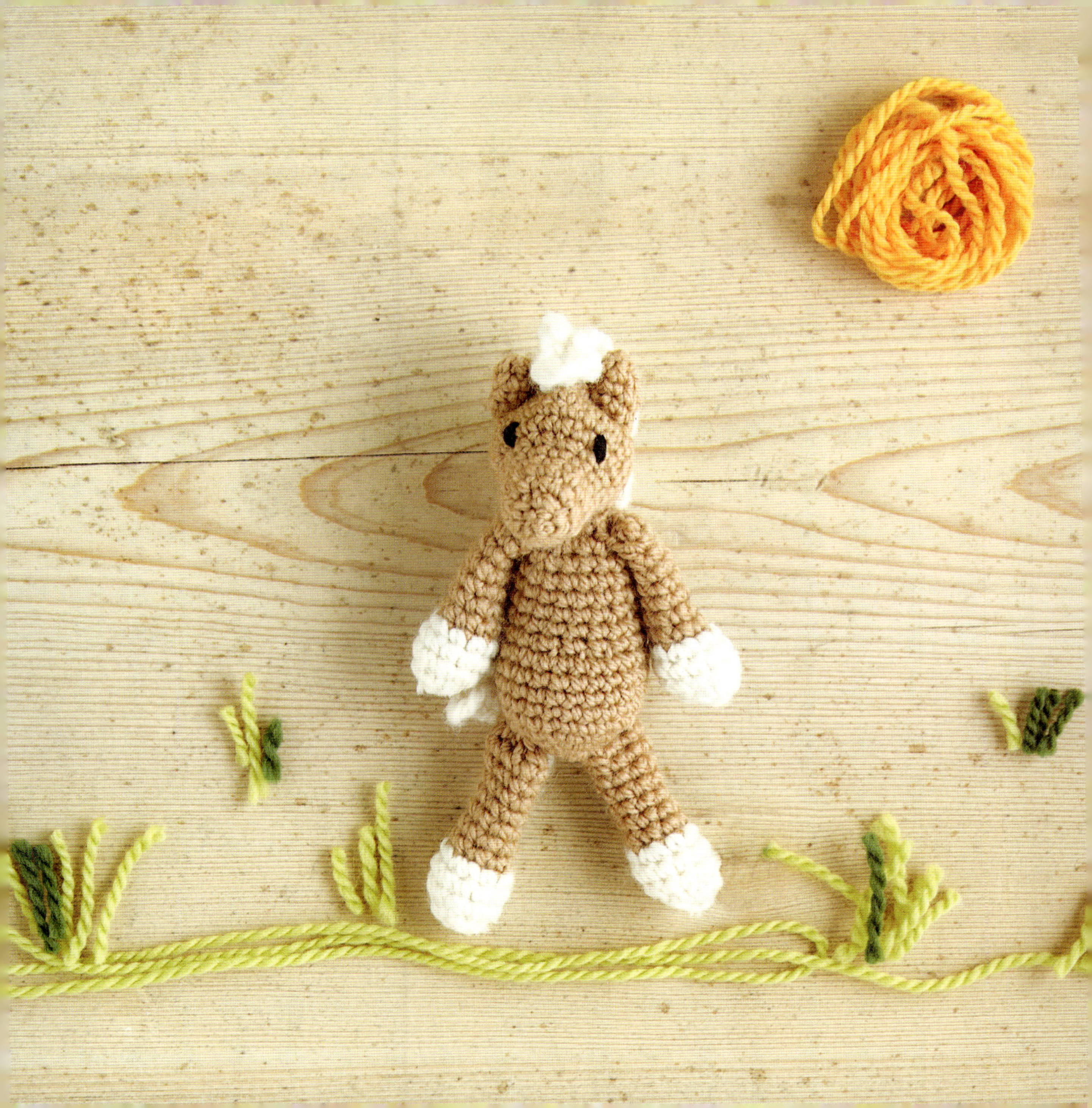

DACHS

FARBEN | CHARCOAL, CREAM

KÖRPER

Verwendete Farbe: Charcoal
Beginnen Sie mit 6 fM im Anfangsring.
1. Rd: (2 fM in die nächste M) 6x (12)
2. Rd: (1 fM, 2 fM in die nächste M) 6x (18)
3. Rd: (2 fM, 2 fM in die nächste M) 6x (24)
4.–8. Rd: fM (5 Rd)
9. Rd: 9 fM, (2 fM zus) 3x, 9 fM (21)
10. Rd: (5 fM, 2 fM zus) 3x (18)
11.–13. Rd: fM (3 Rd)
14. Rd: (4 fM, 2 fM zus) 3x (15)
15. Rd: (3 fM, 2 fM zus) 3x (12)
16. Rd: (2 fM zus) 6x (6)

KOPF

Verwendete Farbe: Charcoal
Beginnen Sie mit 6 fM im Anfangsring.
1. Rd: (2 fM in die nächste M) 6x (12)
2. Rd: (1 fM, 2 fM in die nächste M) 6x (18)
3. Rd: (2 fM, 2 fM in die nächste M) 6x (24)
4.–5. Rd: fM (2 Rd)
Fortfahren mit Farbe Cream.
6.–7. Rd: fM (2 Rd)
8. Rd: (6 fM, 2 fM zus) 3x (21)
9. Rd: (5 fM, 2 fM zus) 3x (18)
10. Rd: (4 fM, 2 fM zus) 3x (15)
11. Rd: (3 fM, 2 fM zus) 3x (12)
12. Rd: (2 fM, 2 fM zus) 3x (9)
13. Rd: (1 fM, 2 fM zus) 3x (6)

BEINE (4x)

Verwendete Farbe: Charcoal
Beginnen Sie mit 6 fM im Anfangsring.
1. Rd: (2 fM in die nächste M) 6x (12)
2.–3. Rd: fM (2 Rd)
4. Rd: (1 fM, 2 fM zus) 4x (8)
5.–12. Rd: fM (8 Rd)
Nur das untere Ende ausstopfen, das obere Ende flach zusammennähen.

OHREN (2x)

Verwendete Farbe: Cream
Beginnen Sie mit 6 fM im Anfangsring.
Fortfahren mit Farbe Charcoal.
1. Rd: (1 fM, 2 fM in die nächste M) 3x (9)
2. Rd: fM
3. Rd: (1 fM, 2 fM zus) 3x (6)
Nicht ausstopfen.

SCHWANZ

Verwendete Farbe: Charcoal
Beginnen Sie mit 6 fM im Anfangsring.
1.–2. Rd: fM
Nicht ausstopfen. An den Körper nähen.

GESICHTSZEICHNUNG (2x)

Mit Garn in Charcoal und doppeltem Faden vom Farbwechsel am Kopf abwärts zwei große Stiche über zwei Reihen sticken.

Alle Teile zusammennähen (siehe Seite 23). Zuletzt Augen und Nase mit schwarzem Garn aufsticken.

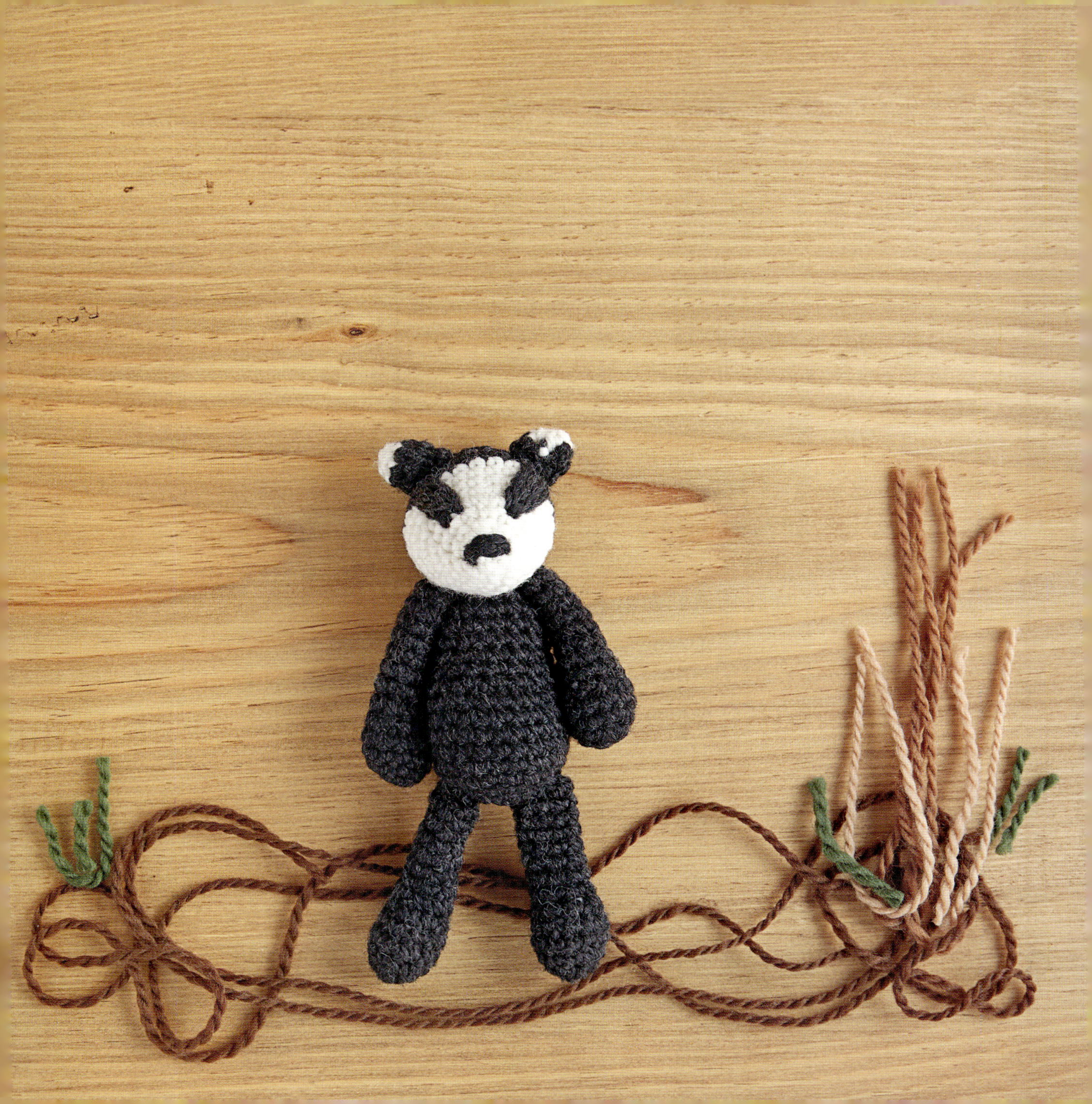

MAULWURF

FARBEN | CHARCOAL, OATMEAL

KÖRPER
Verwendete Farbe: Charcoal
Beginnen Sie mit 6 fM im Anfangsring.
1. Rd: (2 fM in die nächste M) 6x (12)
2. Rd: (1 fM, 2 fM in die nächste M) 6x (18)
3. Rd: (2 fM, 2 fM in die nächste M) 6x (24)
4.–8. Rd: fM (5 Rd)
9. Rd: 9 fM, (2 fM zus) 3x, 9 fM (21)
10. Rd: (5 fM, 2 fM zus) 3x (18)
11.–13. Rd: fM (3 Rd)
14. Rd: (4 fM, 2 fM zus) 3x (15)
15. Rd: (3 fM, 2 fM zus) 3x (12)
16. Rd: (2 fM zus) 6x (6)

KOPF
Verwendete Farbe: Charcoal
Beginnen Sie mit 6 fM im Anfangsring.
1. Rd: (2 fM in die nächste M) 6x (12)
2. Rd: (1 fM, 2 fM in die nächste M) 6x (18)
3. Rd: (2 fM, 2 fM in die nächste M) 6x (24)
4.–6. Rd: fM (3 Rd)
7. Rd: (2 fM, 2 fM zus) 6x (18)
8. Rd: (4 fM, 2 fM zus) 3x (15)
9. Rd: (3 fM, 2 fM zus) 3x (12)
10. Rd: (2 fM, 2 fM zus) 3x (9)
11. Rd: fM
Fortfahren mit Farbe Oatmeal.
12.–13. Rd: fM (2 Rd)
14. Rd: (1 fM, 2 fM zus) 3x (6)

VORDERBEINE (2x)
Verwendete Farbe: Charcoal
8 Lm mit einer Km zum Ring schließen.
1.–8. Rd: fM (8 Rd)
Fortfahren mit Farbe Oatmeal.
9. Rd: (1 fM, 2 fM in die nächste M) 4x (12)
10.–14. Rd: fM (5 Rd)
Die Oberkante mit fM schließen, wenden, (3 Lm, 1 Lm übergehen, 2 fM in die nächsten Lm, 1 Km) 3x

HINTERBEINE (2x)
Verwendete Farbe: Charcoal
Beginnen Sie mit 6 fM im Anfangsring.
1. Rd: (2 fM in die nächste M) 6x (12)
2.–3. Rd: fM (2 Rd)
4. Rd: (1 fM, 2 fM zus) 4x (8)
5.–12. Rd: (8 Rd)
Nur das untere Ende ausstopfen, das obere Ende flach zusammennähen.

Alle Teile zusammennähen (siehe Seite 23). Zuletzt die Augen mit schwarzem Garn aufsticken.

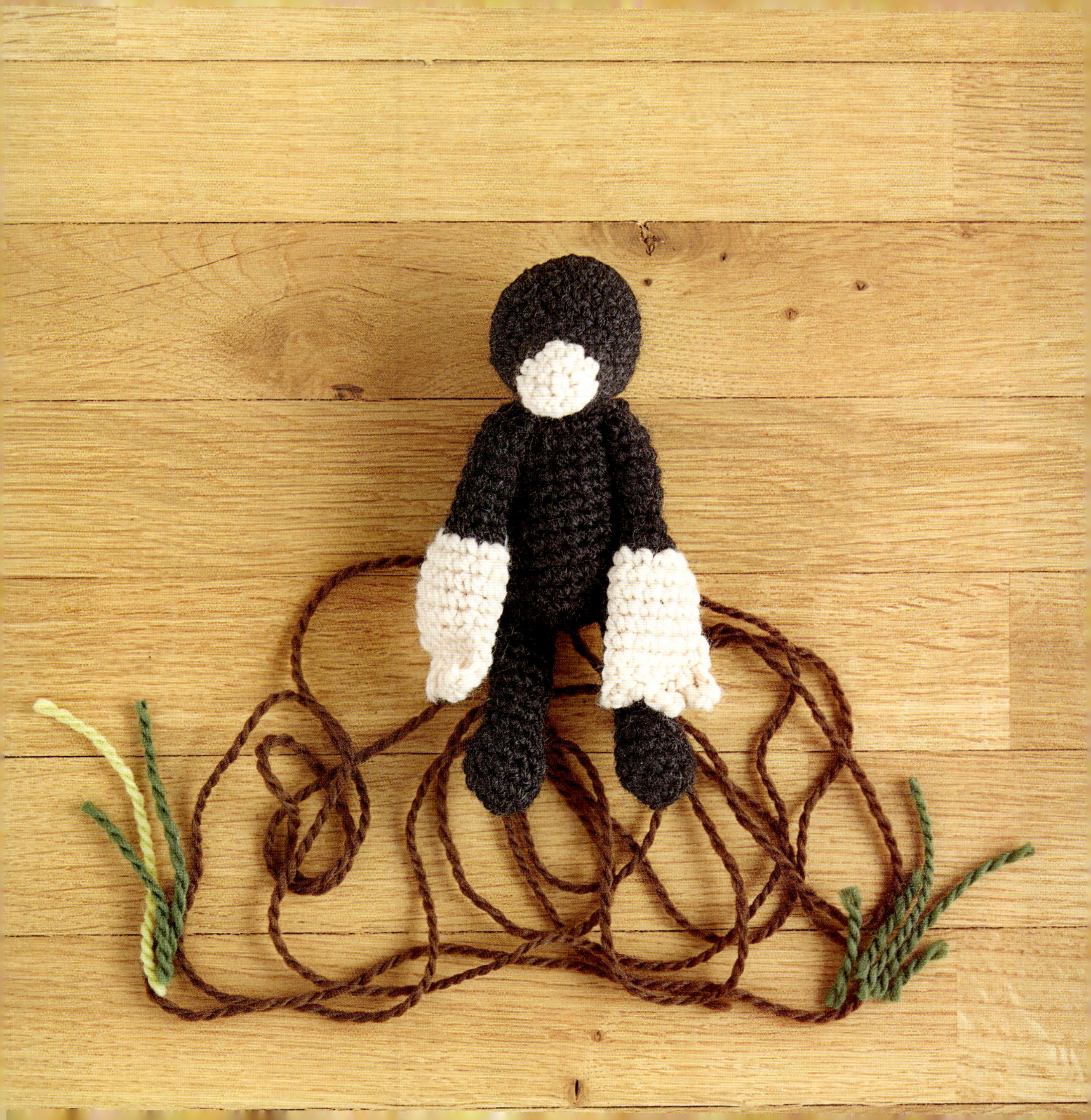

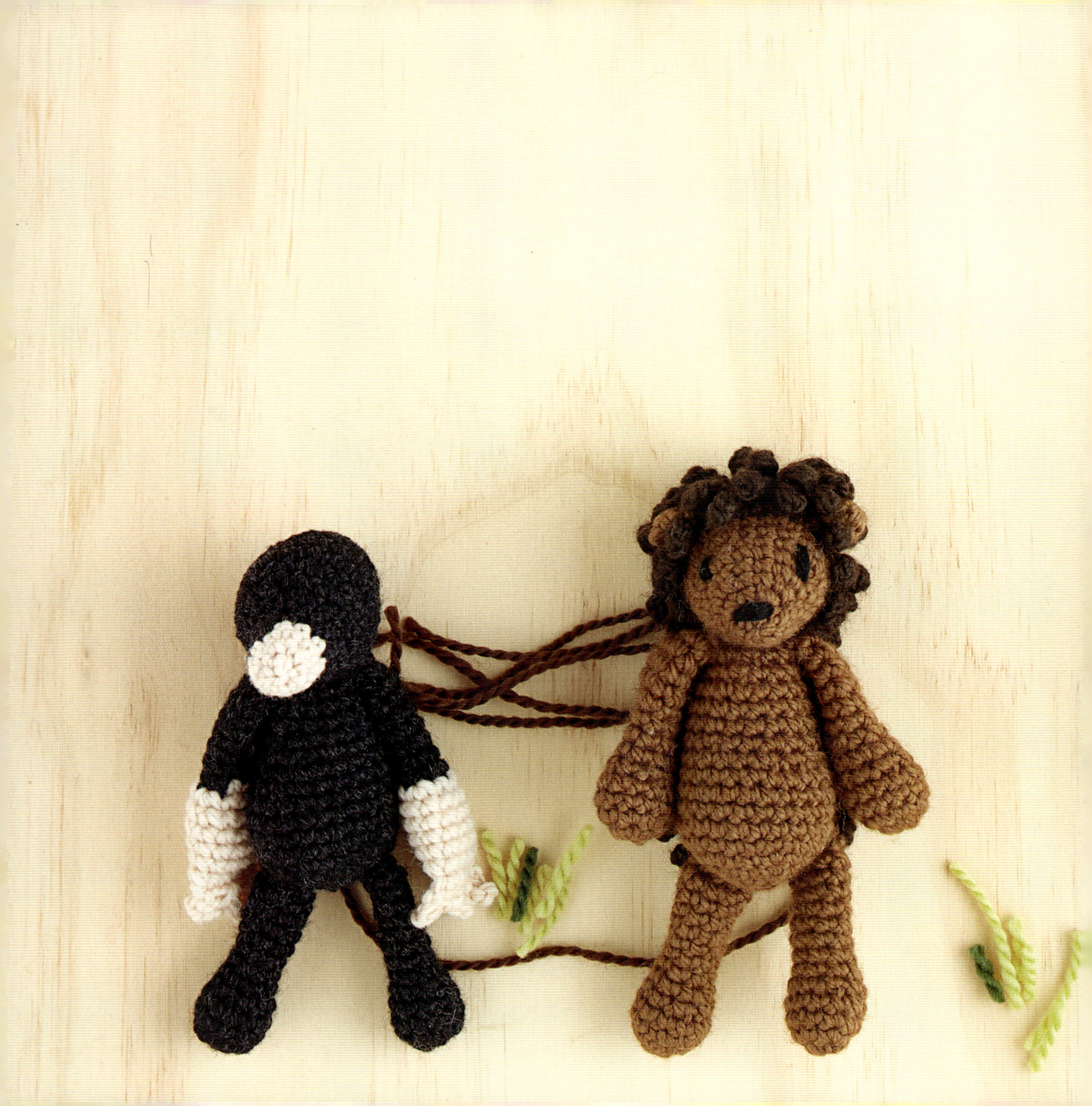

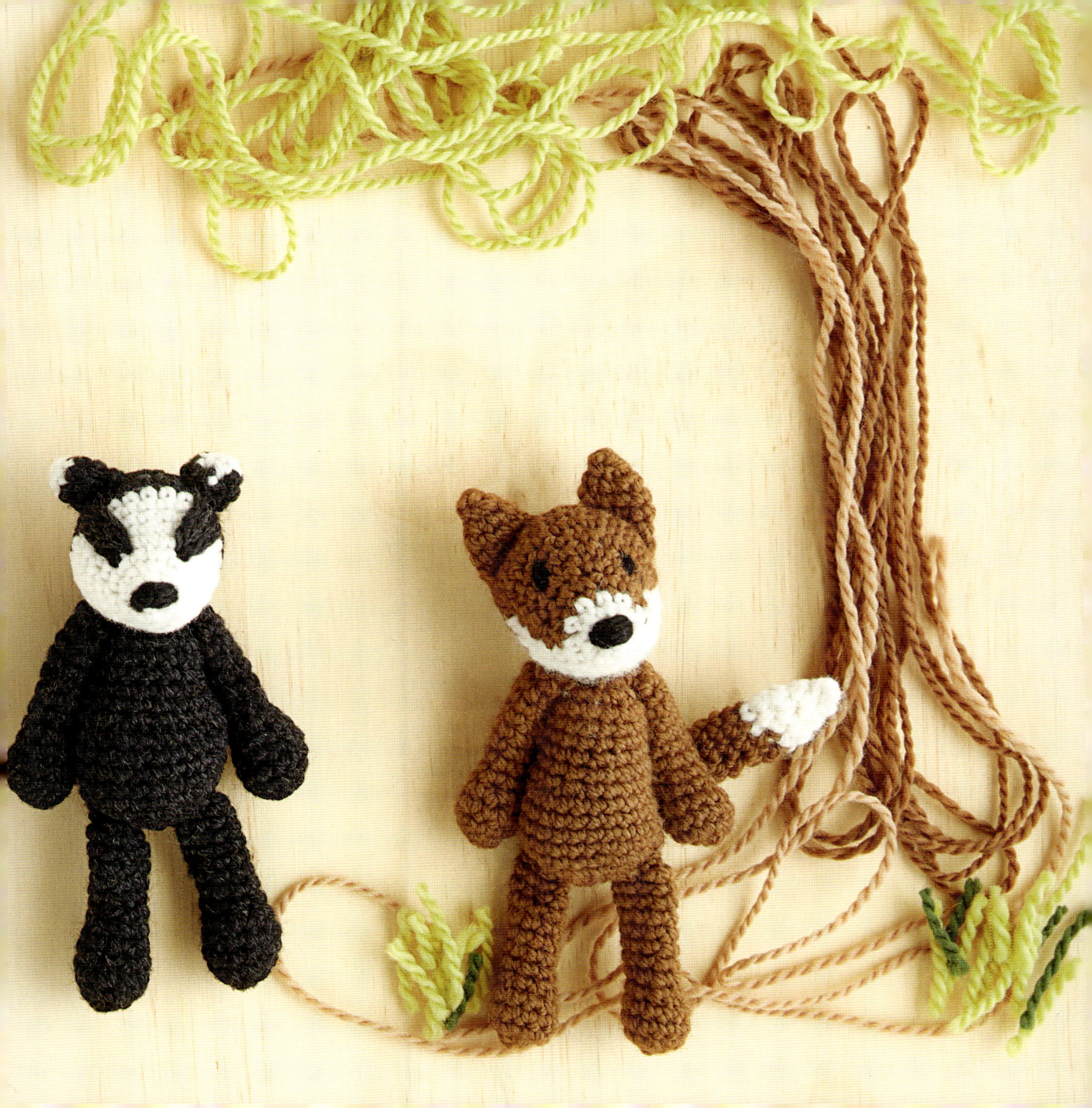

DORSET-DOWN-SCHAF

FARBEN | CREAM, MUSHROOM

KÖRPER
Verwendete Farbe: Mushroom
Beginnen Sie mit 6 fM im Anfangsring.
1. Rd: (2 fM in die nächste M) 6x (12)
2. Rd: (1 fM, 2 fM in die nächste M) 6x (18)
3. Rd: (2 fM, 2 fM in die nächste M) 6x (24)
4.–8. Rd: fM (5 Rd)
9. Rd: 9 fM, (2 fM zus) 3x, 9 fM (21)
10. Rd: (5 fM, 2 fM zus) 3x (18)
11.–13. Rd: fM (3 Rd)
14. Rd: (4 fM, 2 fM zus) 3x (15)
15. Rd: (3 fM, 2 fM zus) 3x (12)
16. Rd: (2 fM zus) 6x (6)

KOPF
Verwendete Farbe: Cream
Beginnen Sie mit 6 fM im Anfangsring.
1. Rd: (2 fM in die nächste M) 6x (12)
2. Rd: (1 fM, 2 fM in die nächste M) 6x (18)
3. Rd: (2 fM, 2 fM in die nächste M) 6x (24)
4.–6. Rd: fM (3 Rd)
7. Rd: (2 fM zus) 3x, 18 fM (21)
Fortfahren mit Farbe Mushroom.
8. Rd: (5 fM, 2 fM zus) 3x (18)
9. Rd: fM
10. Rd: (4 fM, 2 fM zus) 3x (15)
11. Rd: (3 fM, 2 fM zus) 3x (12)
12. Rd: (2 fM zus) 6x (6)

BEINE (4x)
Verwendete Farbe: Mushroom
Beginnen Sie mit 6 fM im Anfangsring.
1. Rd: (2 fM in die nächste M) 6x (12)
2.–3. Rd: fM (2 Rd)
4. Rd: (1 fM, 2 fM zus) 4x (8)
5.–12. Rd: fM (8 Rd)
Nur das untere Ende ausstopfen, das obere Ende flach zusammennähen.

OHREN (2x)
Verwendete Farbe: Mushroom
Beginnen Sie mit 6 fM im Anfangsring.
1.–2. Rd: fM (2 Rd)
Nicht ausstopfen.

SCHWANZ
Verwendete Farbe: Cream
Beginnen Sie mit 5 fM im Anfangsring.
1.–8. Rd: fM (8 Rd)
Nicht ausstopfen.

FELL
Verwendete Farbe: Cream
Den ganzen Körper mit Luftmaschenbögen à 5 Lm behäkeln (siehe Seite 33), nur den unteren Teil frei lassen, damit das Schaf sitzen kann, ohne umzukippen.

Alle Teile zusammennähen (siehe Seite 23). Zuletzt die Augen mit schwarzem Garn aufsticken.

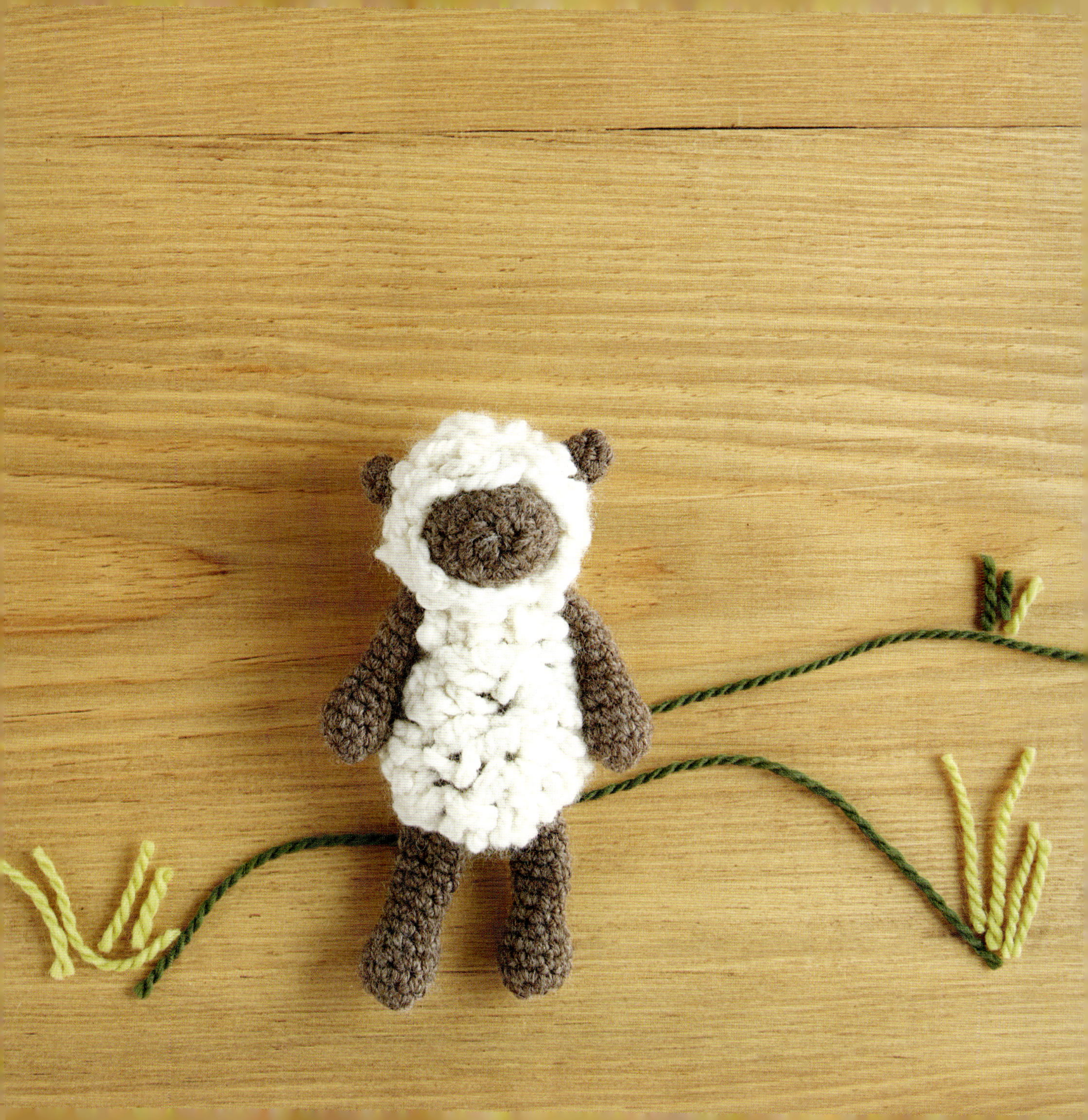

FUCHS

FARBEN | FUDGE, CREAM

KÖRPER
Verwendete Farbe: Fudge
Beginnen Sie mit 6 fM im Anfangsring.
1. Rd: (2 fM in die nächste M) 6x (12)
2. Rd: (1 fM, 2 fM in die nächste M) 6x (18)
3. Rd: (2 fM, 2 fM in die nächste M) 6x (24)
4.–8. Rd: fM (5 Rd)
9. Rd: 9 fM, (2 fM zus) 3x, 9 fM (21)
10. Rd: (5 fM, 2 fM zus) 3x (18)
11.–13. Rd: fM (3 Rd)
14. Rd: (4 fM, 2 fM zus) 3x (15)
15. Rd: (3 fM, 2 fM zus) 3x (12)
16. Rd: (2 fM zus) 6x (6)

KOPF
Verwendete Farbe: Fudge
Beginnen Sie mit 6 fM im Anfangsring.
1. Rd: (2 fM in die nächste M) 6x (12)
2. Rd: (1 fM, 2 fM in die nächste M) 6x (18)
3. Rd: (2 fM, 2 fM in die nächste M) 6x (24)
4.–6. Rd: fM (3 Rd)
7.–8. Rd: 12 fM Fudge, 12 fM Cream (2 Rd)
9. Rd: (2 fM, 2 fM zus) 3x Fudge, (2 fM, 2 fM zus) 3x Cream (18)
10. Rd: 10 fM Fudge, 8 fM Cream (18)
11. Rd: 3 fM, (2 fM zus) 2x, 3 fM Fudge, 2 fM, (2 fM zus) 2x, 2 fM Cream (14)
12. Rd: 3 fM, 2 fM zus, 3 fM Fudge, 2 fM, 2 fM zus, 2 fM Cream (12)
Fortfahren nur mit Farbe Cream.
13. Rd: (2 fM, 2 fM zus) 3x (9)
14. Rd: (1 fM, 2 fM zus) 3x (6)

BEINE (4x)
Verwendete Farbe: Fudge
Beginnen Sie mit 6 fM im Anfangsring.
1. Rd: (2 fM in die nächste M) 6x (12)
2.–3. Rd: fM (2 Rd)
4. Rd: (1 fM, 2 fM zus) 4x (8)
5.–12. Rd: fM (8 Rd)
Nur das untere Ende ausstopfen, das obere Ende flach zusammennähen.

OHREN (2x)
Verwendete Farbe: Fudge
Beginnen Sie mit 6 fM im Anfangsring.
1. Rd: (1 fM, 2 fM in die nächste M) 3x (9)
2.–4. Rd: fM (3 Rd)
5. Rd: (1 fM, 2 fM zus) 3x (6)
6. Rd: (2 fM zus) 3x (3)
Nicht ausstopfen.

SCHWANZ
Verwendete Farbe: Fudge
6 Lm mit einer Km zum Ring schließen.
1.–3. Rd: fM (3 Rd)
4. Rd: 2 fM in die nächste M, 5 fM (7)
5.–7. Rd: fM (3 Rd)
8. Rd: 2 fM in die nächste M, 6 fM (8)
9. Rd: fM
Fortfahren mit Farbe Cream.
10.–11. Rd: fM (2 Rd)
12. Rd: (2 fM, 2 fM zus) 2x (6)
13. Rd: (2 fM zus) 3x (3)
Nicht ausstopfen.

Alle Teile zusammennähen (siehe Seite 23). Zuletzt Augen und Nase mit schwarzem Garn aufsticken.

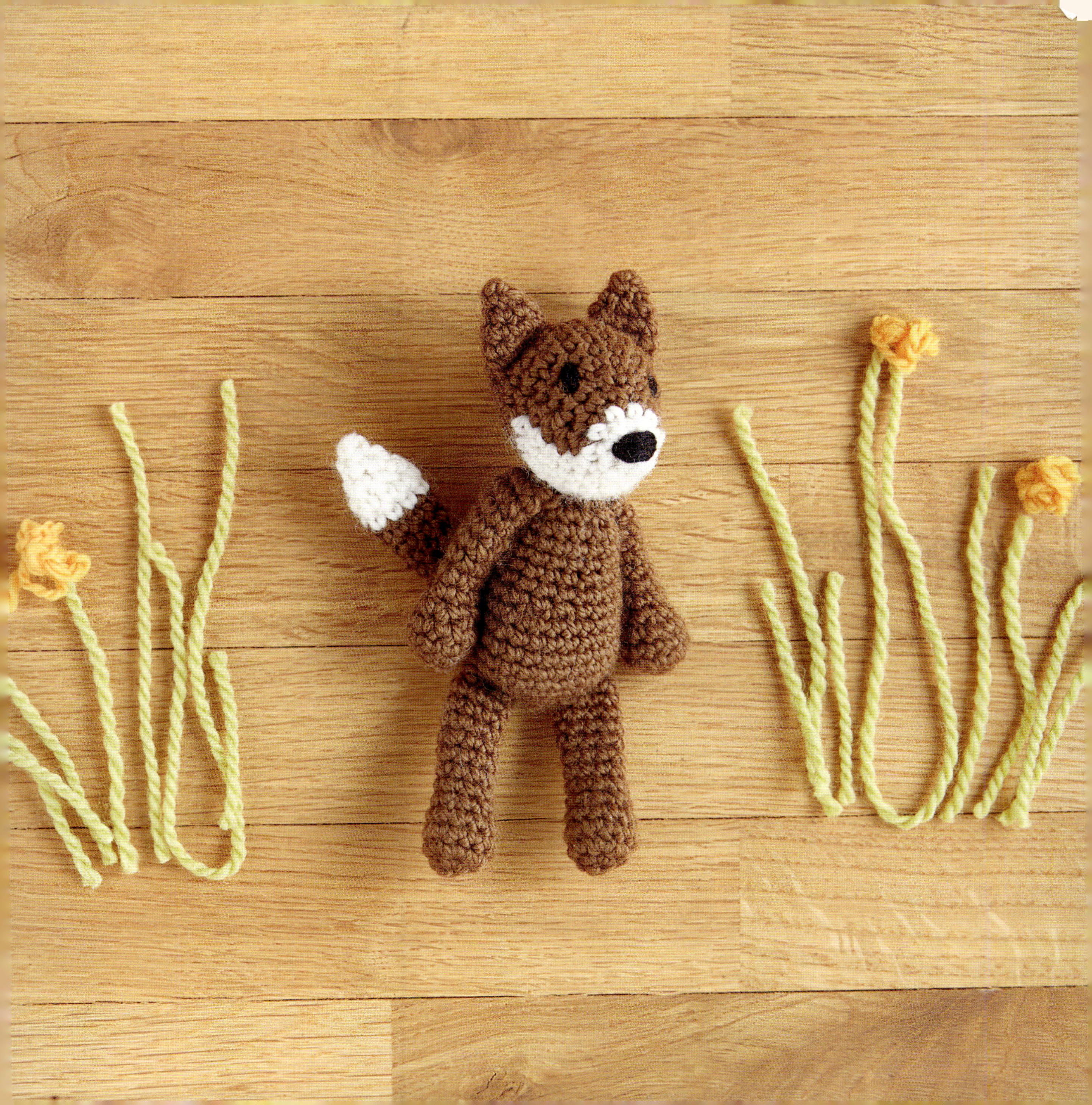

ROTKEHLCHEN

FARBEN | CREAM, RUBY, STONE

KÖRPER / KOPF
Verwendete Farbe: Cream
Beginnen Sie mit 6 fM im Anfangsring.
1. Rd: (2 fM in die nächste M) 6x (12)
2. Rd: (1 fM, 2 fM in die nächste M) 6x (18)
3. Rd: (2 fM, 2 fM in die nächste M) 6x (24)
4. Rd: (3 fM, 2 fM in die nächste M) 6x (30)
5.–12. Rd: fM (8 Rd)
Fortfahren mit Farbe Ruby.
13. Rd: (3 fM, 2 fM zus) 6x (24)
14. Rd: (2 fM zus) 12x (12)
15. Rd: (2 fM zus) 6x (6)
16. Rd: (2 fM in die nächste M) 3x Ruby, (2 fM in die nächste M) 3x Stone (12)
17. Rd: (2 fM in die nächste M) 6x Ruby, (2 fM in die nächste M) 6x Stone (24)
18. Rd: (3 fM, 2 fM in die nächste M) 3x Ruby, (3 fM, 2 fM in die nächste M) 3x Stone (30)
19.–21. Rd: 15 fM Ruby, 15 fM Stone (3 Rd)
Fortfahren nur mit Farbe Stone.
22. Rd: (3 fM, 2 fM zus) 6x (24)
23. Rd: (2 fM, 2 fM zus) 6x (18)
24. Rd: (1 fM, 2 fM zus) 6x (12)
25. Rd: (2 fM zus) 6x (6)

BEINE (2x)
Verwendete Farbe: Stone
Beginnen Sie mit 4 fM im Anfangsring.
1.–3. Rd: fM (3 Rd)
Für die Krallen:
(4 Lm, wenden, Kettmaschen in diese Luftmaschen, 1 Km ins Bein) 3x

FLÜGEL (2x)
Verwendete Farbe: Stone
Beginnen Sie mit 6 fM im Anfangsring.
1. Rd: (2 fM in die nächste M) 6x (12)
2. Rd: (1 fM, 2 fM in die nächste M) 6x (18)
3.–5. Rd: fM (3 Rd)
6. Rd: (1 fM, 2 fM zus) 6x (12)
7. Rd: (2 fM, 2 fM zus) 3x (9)
8. Rd: (1 fM, 2 fM zus) 3x (6)
9. Rd: fM
Nicht ausstopfen.

SCHNABEL
Verwendete Farbe: Stone
Eine Kettmaschenkette über 4 Lm häkeln (siehe Seite 39).

SCHWANZ
Verwendete Farbe: Stone
1 Km an der Position des Schwanzes, (10 Lm, wenden, 3 Stb, 3 hStb, 2 fM) 2x (siehe Seite 75)

Alle Teile zusammennähen (siehe Seite 23). Zuletzt die Augen mit schwarzem Garn aufsticken.

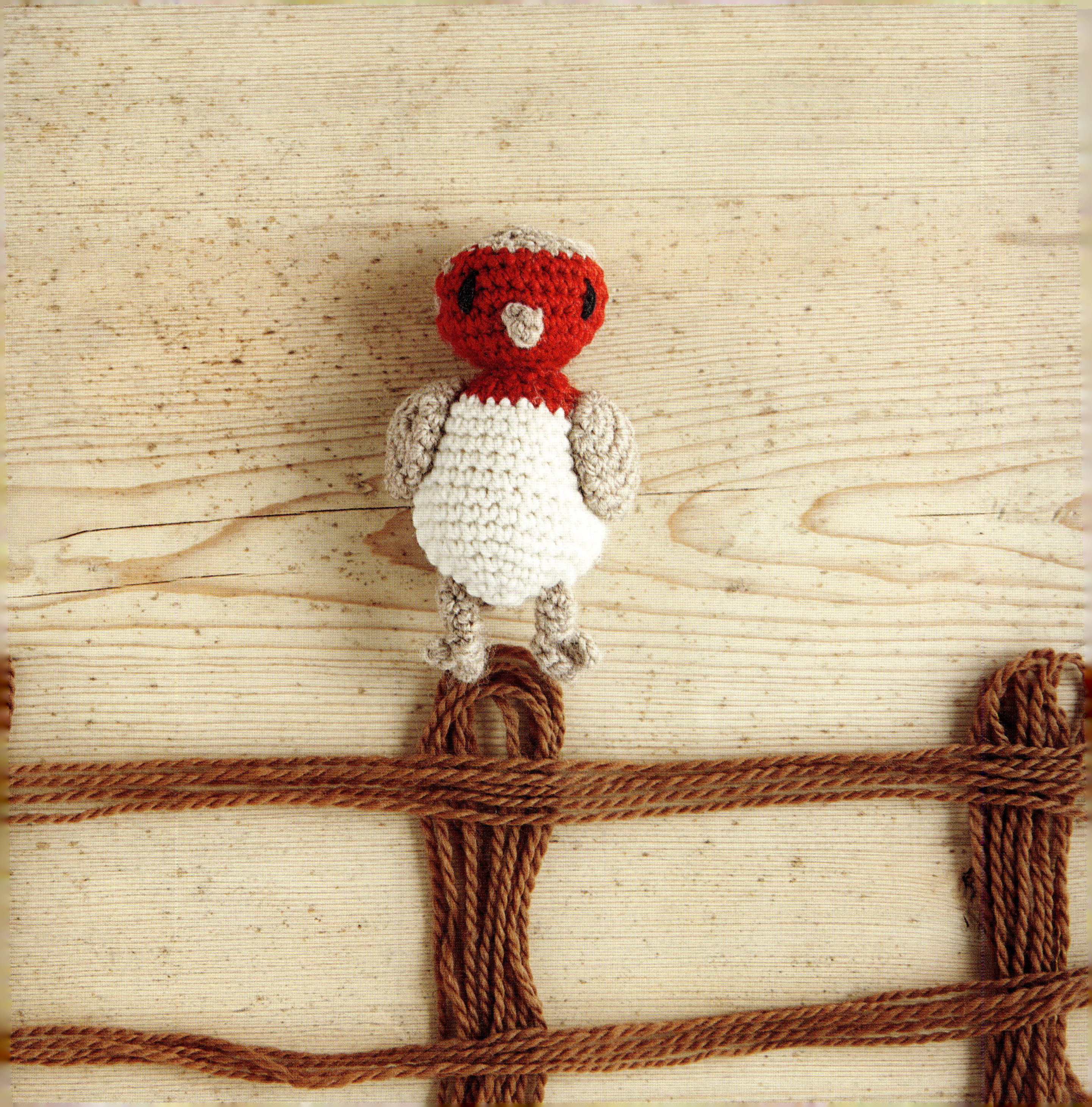

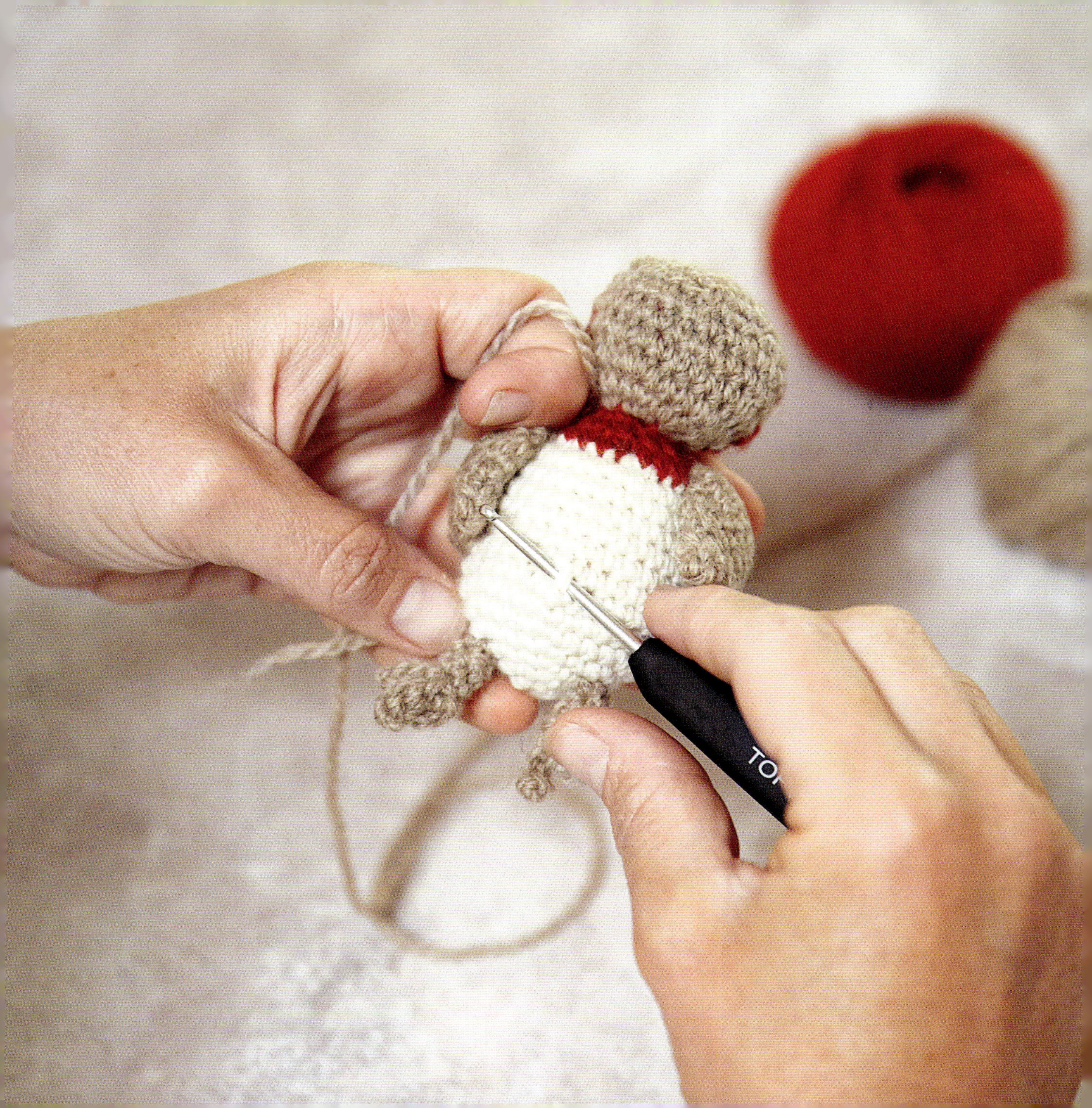

HALBES STÄBCHEN (hStb)

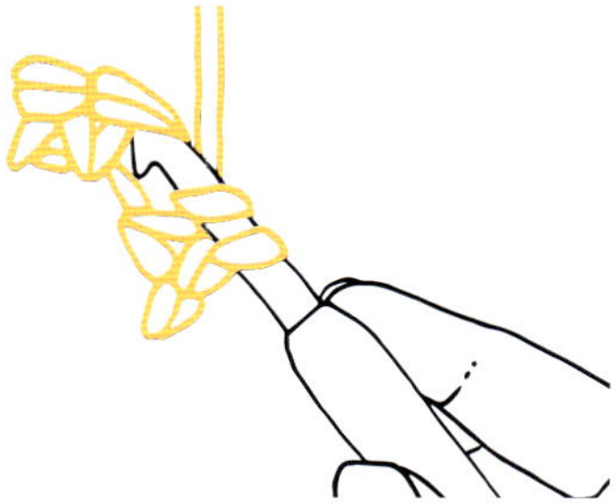

1 Einen Umschlag um die Nadel legen, dann mit der Nadel in die nächste Masche einstechen.

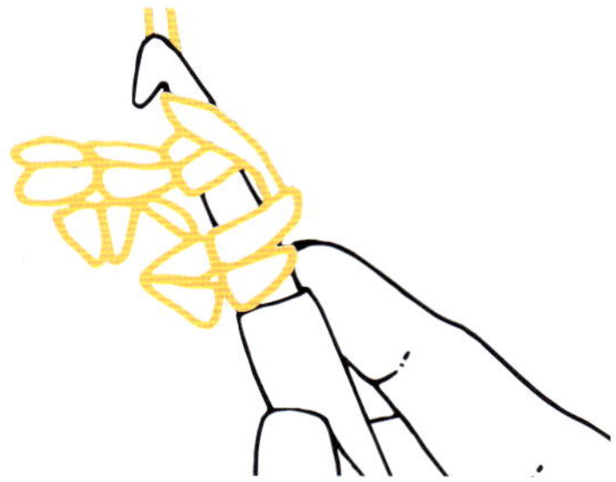

2 Den Faden erfassen und eine Schlaufe durchholen (= 3 Schlaufen auf der Nadel).

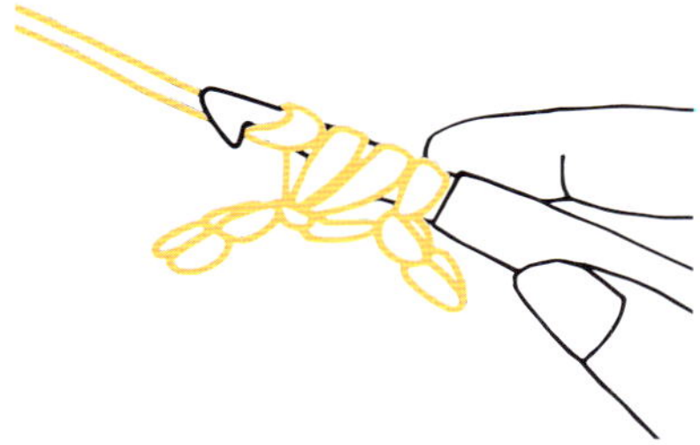

3 Den Faden erfassen und in einem Zug durch alle drei Schlaufen ziehen (ein halbes Stäbchen ist gehäkelt).

STÄBCHEN (Stb)

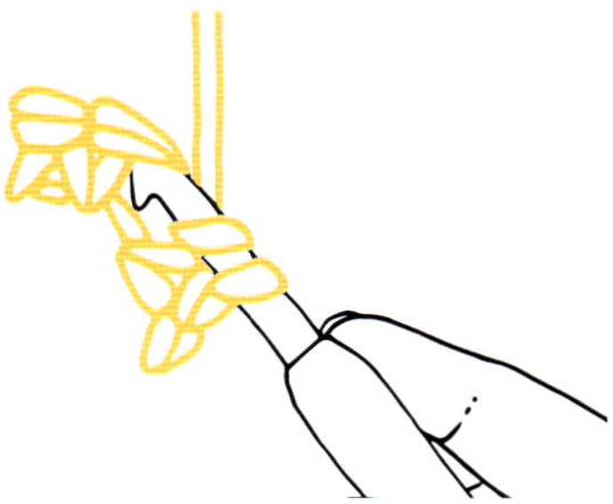

1 Einen Umschlag um die Nadel legen, dann mit der Nadel in die nächste Masche einstechen.

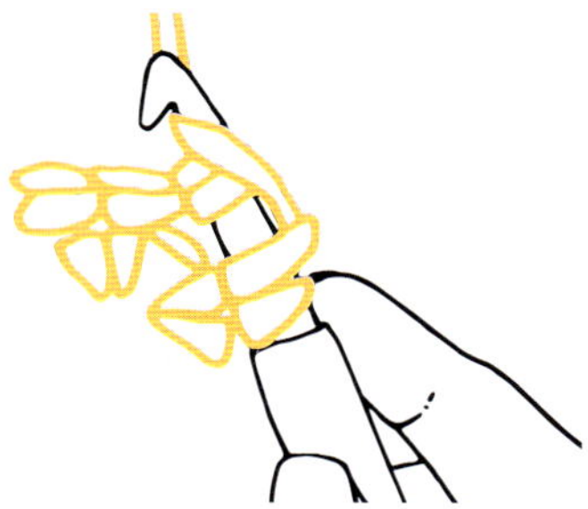

2 Den Faden erfassen und durchholen (= 3 Schlaufen auf der Nadel). Den Faden erneut erfassen und durch die ersten beiden Schlaufen auf der Nadel ziehen (= 2 Schlaufen auf der Nadel).

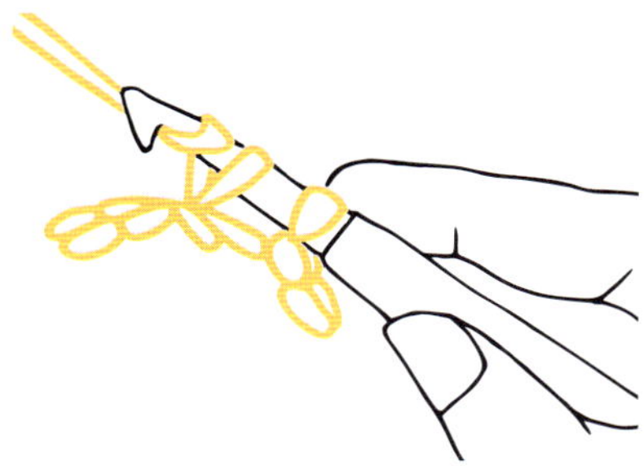

3 Den Faden nochmals erfassen und durch die restlichen beiden Schlaufen auf der Nadel ziehen (ein Stäbchen ist gehäkelt).

SCHWARZBUNTE KUH

FARBEN | BLACK, CREAM

KÖRPER
Verwendete Farbe: Black
Beginnen Sie mit 6 fM im Anfangsring.
1. Rd: (2 fM in die nächste M) 6x (12)
2. Rd: (1 fM, 2 fM in die nächste M) 6x (18)
3. Rd: (2 fM, 2 fM in die nächste M) 6x (24)
4.–7. Rd: fM (4 Rd)
Fortfahren mit Farbe Cream.
8. Rd: fM
9. Rd: 9 fM, (2 fM zus) 3x, 9 fM (21)
10. Rd: (5 fM, 2 fM zus) 3x (18)
11.–12. Rd: fM (2 Rd)
Fortfahren mit Farbe Black
13. Rd: fM
14. Rd: (4 fM, 2 fM zus) 3x (15)
15. Rd: (3 fM, 2 fM zus) 3x (12)
16. Rd: (2 fM zus) 6x (6)

KOPF
Verwendete Farbe: Black
Beginnen Sie mit 6 fM im Anfangsring.
1. Rd: (2 fM in die nächste M) 6x (12)
2. Rd: (1 fM, 2 fM in die nächste M) 6x (18)
3. Rd: (2 fM, 2 fM in die nächste M) 6x (24)
4.–6. Rd: fM (3 Rd)
7. Rd: 1 fM Black, 6 fM Cream, 17 fM Black
8. Rd: 2 fM zus, 1 fM Black, 2 fM Cream, 1 fM, 2 fM zus, 16 fM Black (22)
9. Rd: 2 fM zus Black, 2 fM zus Cream, 2 fM zus, 16 fM Black (19)
10. Rd: 3 fM Cream, 2 fM, 2 fM zus, (1 fM, 2 fM zus) 4x Black (14)
11. Rd: 1 fM Black, 2 fM Cream, 1 fM, 2 fM zus, 6 fM, 2 fM zus Black (12)
12. Rd: 1 fM Black, 1 fM, 2 fM in die nächste M, (2 fM, 2 fM in die nächste M) 3x Cream (16)
Fortfahren mit Farbe Cream.
13. Rd: fM
14. Rd: (2 fM zus) 8x (8)

BEINE (4x)
Verwendete Farbe: Black
Beginnen Sie mit 6 fM im Anfangsring.
1. Rd: (2 fM in die nächste M) 6x (12)
2.–3. Rd: fM (2 Rd)
Fortfahren mit Farbe Cream.
4. Rd: (1 fM, 2 fM zus) 4x (8)
5.–12. Rd: fM (8 Rd)
Nur das untere Ende ausstopfen, das obere Ende flach zusammennähen.

OHREN (2x)
Verwendete Farbe: Black
Beginnen Sie mit 6 fM im Anfangsring.
1.–3. Rd: fM (3 Rd)
Nicht ausstopfen.

SCHWANZ
Verwendete Farbe: Black
1 Km an der Position des Schwanzes, 3 Lm, in die letzte Lm 3 Luftmaschenbögen (siehe Seite 33) in Cream häkeln.

Alle Teile zusammennähen (siehe Seite 23). Zuletzt die Augen mit schwarzem Garn aufsticken.

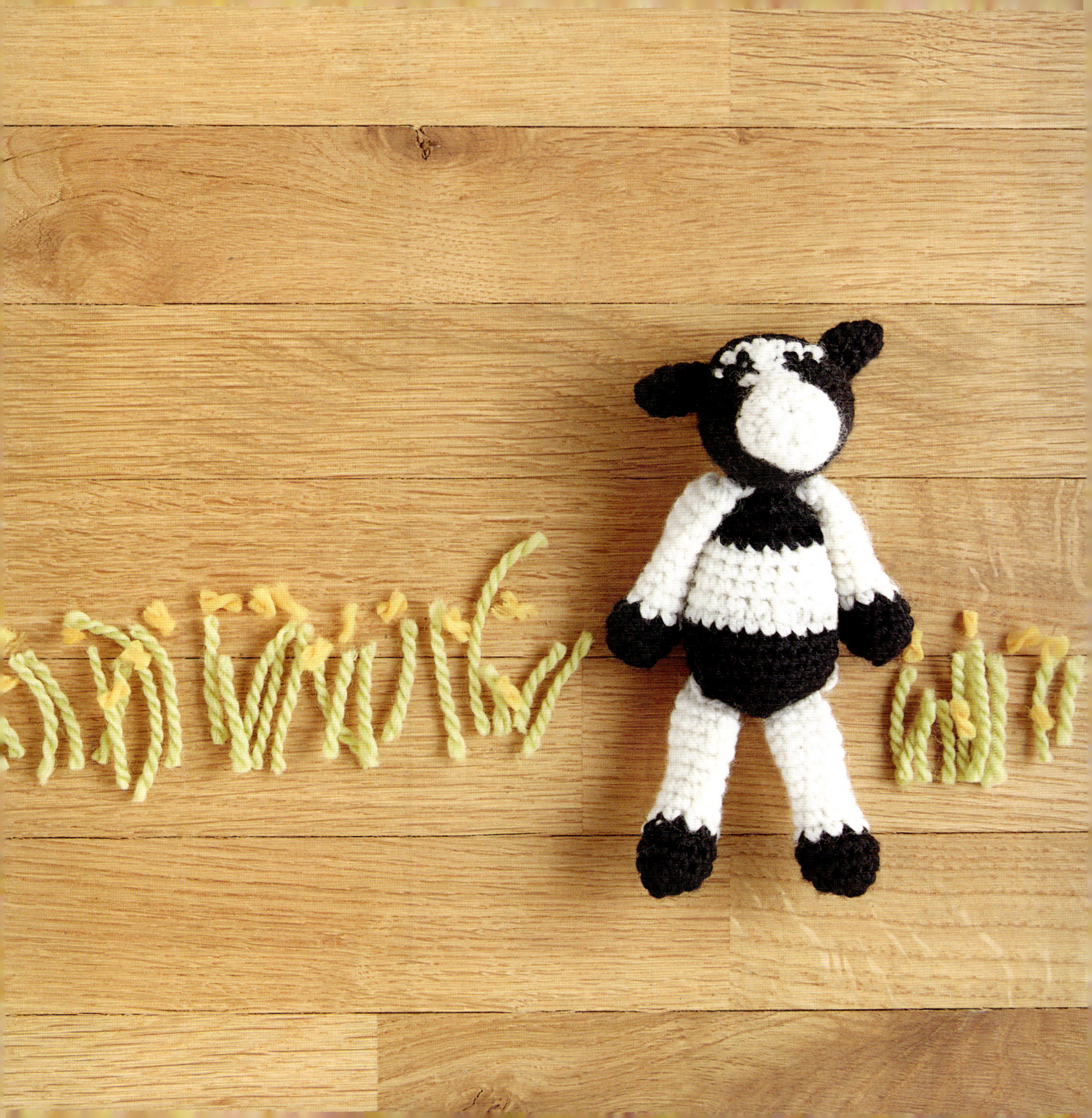

FASAN

FARBEN | FUDGE, CREAM, RUBY, TEAL, OATMEAL, CAMEL, CHESTNUT

KÖRPER / KOPF
Verwendete Farbe: Fudge
Beginnen Sie mit 6 fM im Anfangsring.
1. Rd: (2 fM in die nächste M) 6x (12)
2. Rd: (1 fM, 2 fM in die nächste M) 6x (18)
3. Rd: (2 fM, 2 fM in die nächste M) 6x (24)
4. Rd: (3 fM, 2 fM in die nächste M) 6x (30)
5.–12. Rd: fM (8 Rd)
Fortfahren mit Farbe Cream.
13. Rd: (3 fM, 2 fM zus) 6x (24)
14. Rd: (2 fM zus) 12x (12)
15. Rd: (2 fM zus) 6x (6)
Fortfahren mit Farbe Ruby und Teal.
16. Rd: (2 fM in die nächste M) 3x Ruby, (2 fM in die nächste M) 3x Teal (12)
17. Rd: (2 fM in die nächste M) 6x Ruby, (2 fM in die nächste M) 6x Teal (24)
18. Rd: (3 fM, 2 fM in die nächste M) 3x Ruby, (3 fM, 2 fM in die nächste M) 3x Teal (30)
19.–21. Rd: 15 fM Ruby, 15 fM Teal (3 Rd)
Fortfahren nur mit Farbe Teal.
22. Rd: (3 fM, 2 fM zus) 6x (24)
23. Rd: (2 fM, 2 fM zus) 6x (18)
24. Rd: (1 fM, 2 fM zus) 6x (12)
25. Rd: (2 fM zus) 6x (6)

BEINE (2x)
Verwendete Farbe: Oatmeal
4 Lm mit einer Km zum Ring schließen.
1.–3. Rd: fM (3 Rd)
4. Rd: (1 fM, 2 fM in die nächste M) 2x (6)
5. Rd: (2 fM in die nächste M) 6x (12)
In 3 Runden mit je 4 M teilen und jeden Zeh wie folgt häkeln (siehe Seite 51):
1.–4. Rd: fM (4 Rd)
Nicht ausstopfen.

FLÜGEL (2x)
Verwendete Farbe: Camel, etwa jede fünfte Masche in Chestnut häkeln.
Beginnen Sie mit 6 fM im Anfangsring.
1. Rd: (2 fM in die nächste M) 6x (12)
2. Rd: fM
3. Rd: (4 fM, 2 fM zus) 2x (10)
4. Rd: (3 fM, 2 fM zus) 2x (8)
5. Rd: (2 fM, 2 fM zus) 2x (6)
6. Rd: (1 fM, 2 fM zus) 2x (4)
Nicht ausstopfen.

SCHNABEL
Verwendete Farbe: Oatmeal
An der Position des Schnabels eine Kettmaschenkette (siehe Seite 39) über 3 Lm häkeln.

SCHWANZ
Verwendete Farbe: Fudge
1 Km an der Position des Schwanzes, 10 Lm
Wenden und in diese Lm häkeln:
3 fM in die nächste M, 3 fM, 5 Km
Die zweite Feder ebenso arbeiten.

Alle Teile zusammennähen (siehe Seite 23). Zuletzt die Augen mit schwarzem Garn aufsticken.

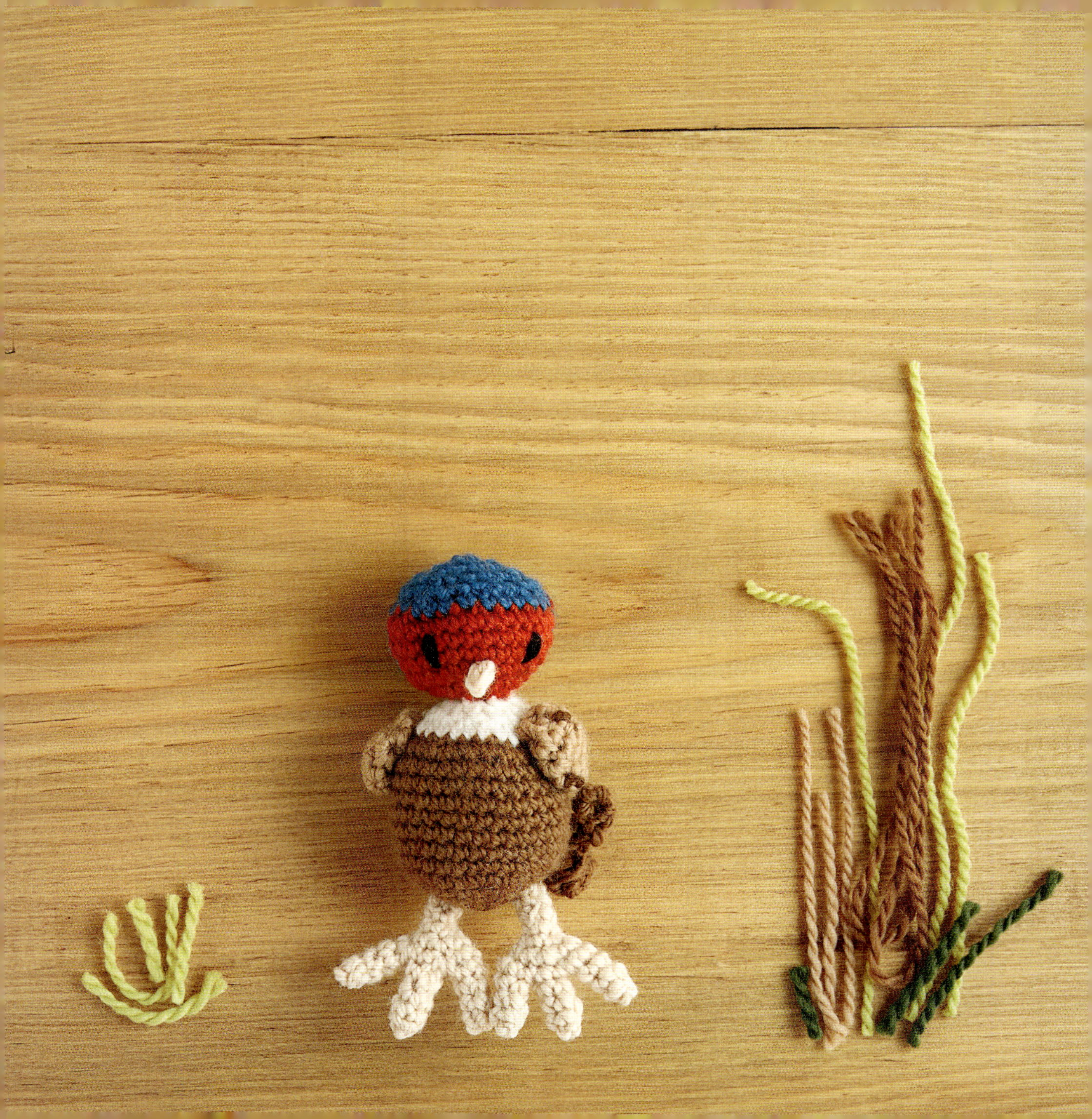

FLEDERMAUS

FARBE | SHALE

KÖRPER
Beginnen Sie mit 6 fM im Anfangsring.
1. Rd: (2 fM in die nächste M) 6x (12)
2. Rd: (1 fM, 2 fM in die nächste M) 6x (18)
3. Rd: (2 fM, 2 fM in die nächste M) 6x (24)
4.–8. Rd: fM (5 Rd)
9. Rd: 9 fM, (2 fM zus) 3x, 9 fM (21)
10. Rd: (5 fM, 2 fM zus) 3x (18)
11.–13. Rd: fM (3 Rd)
14. Rd: (4 fM, 2 fM zus) 3x (15)
15. Rd: (3 fM, 2 fM zus) 3x (12)
16. Rd: (2 fM zus) 6x (6)

KOPF
Beginnen Sie mit 6 fM im Anfangsring.
1. Rd: (2 fM in die nächste M) 6x (12)
2. Rd: (1 fM, 2 fM in die nächste M) 6x (18)
3. Rd: (2 fM, 2 fM in die nächste M) 6x (24)
4.–7. Rd: fM (4 Rd)
8. Rd: (2 fM zus) 12x (12)
9. Rd: fM
10. Rd: (2 fM zus) 6x (6)

VORDERBEINE (2x)
Beginnen Sie mit 6 fM im Anfangsring.
1. Rd: (2 fM in die nächste M) 6x (12)
2.–3. Rd: fM (2 Rd)
4. Rd: (2 fM zus) 6x (6)
5.–19. Rd: fM (15 Rd)
Nur das untere Ende ausstopfen, das obere Ende flach zusammennähen.

HINTERBEINE (2x)
Beginnen Sie mit 6 fM im Anfangsring.
1. Rd: (2 fM in die nächste M) 6x (12)
2.–3. Rd: fM (2 Rd)
4. Rd: (1 fM, 2 fM zus) 4x (8)
5.–10. Rd: fM (6 Rd)
Nur das untere Ende ausstopfen, das obere Ende flach zusammennähen.

OHREN (2x)
8 Lm mit einer Km zum Ring schließen.
1. Rd: fM
2. Rd: 2 fM zus, 6 fM (7)
3. Rd: 2 fM zus, 5 fM (6)
4. Rd: 2 fM zus, 4 fM (5)
5. Rd: 2 fM zus, 3 fM (4)
Nicht ausstopfen.

FLUGHAUT (2x)
Die Fledermaus ausstopfen und zusammennähen, dann unter der Achsel 3 Km aufhäkeln (siehe Seite 39).
Über diese 3 M wie folgt fortfahren:
1. Reihe: wenden, 3 fM, 1 Km in die nächste M am Bein (3) (Die Kettmasche dient nur dem Anschluss und wird nicht mitgezählt, siehe Seite 83.)
2. Reihe: wenden, 3 fM, 1 Km in die nächste M am Körper
3. Reihe: wenden, 2 fM in die nächste M, 2 fM, 1 Km in die nächste M am Bein (4)
4. Reihe: wenden, 2 fM in die nächste M, 3 fM, 1 Km in die nächste M am Körper (5)
5.–9. Reihe: In Reihen zwischen Bein und Körper hin und her arbeiten, bis das »Handgelenk« erreicht ist, dabei immer am Anfang jeder Reihe 1 M zun. (5 Reihen)

Alle Teile zusammennähen (siehe Seite 23). Zuletzt Augen und Nasenlöcher mit schwarzem Garn aufsticken.

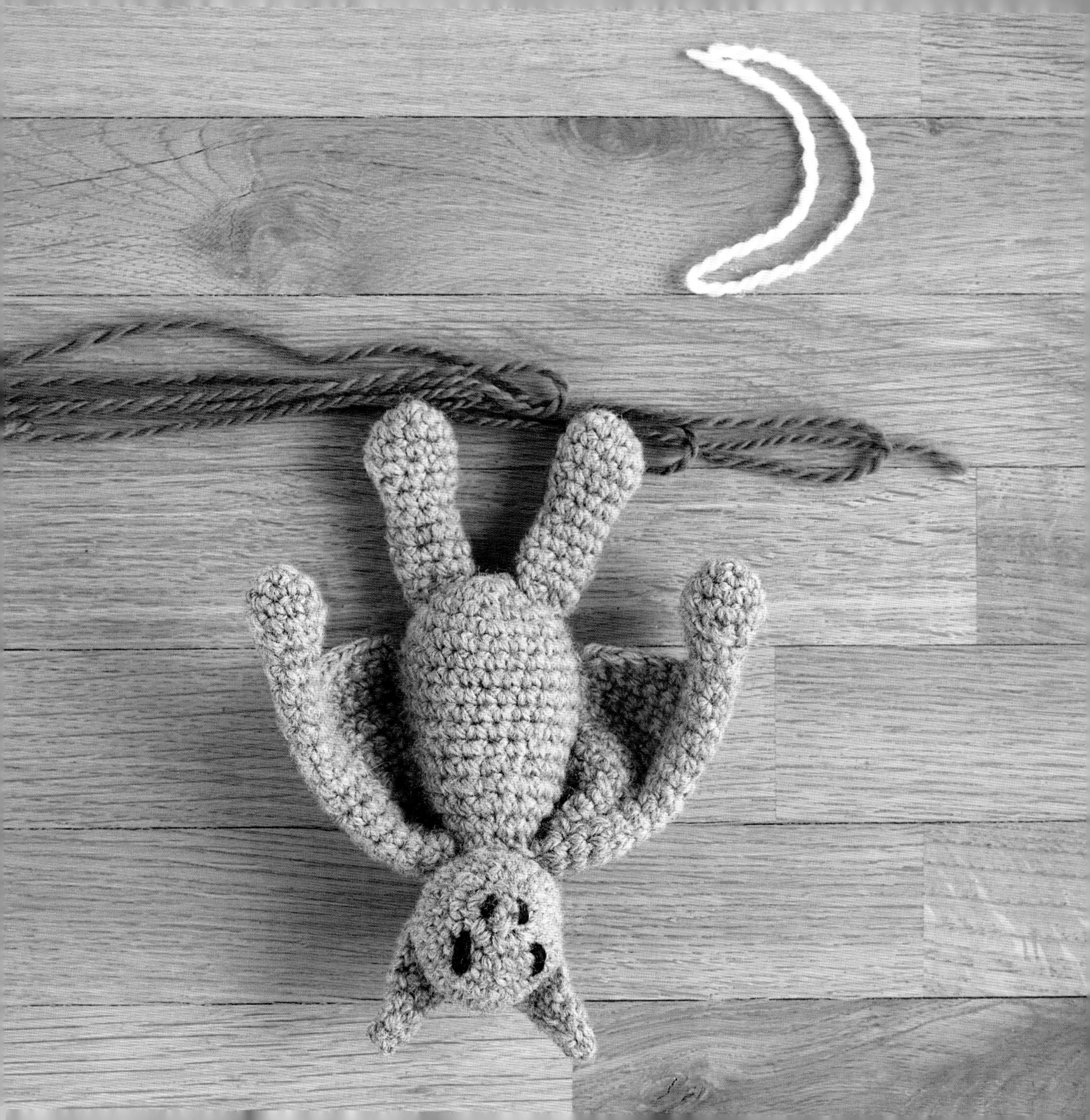

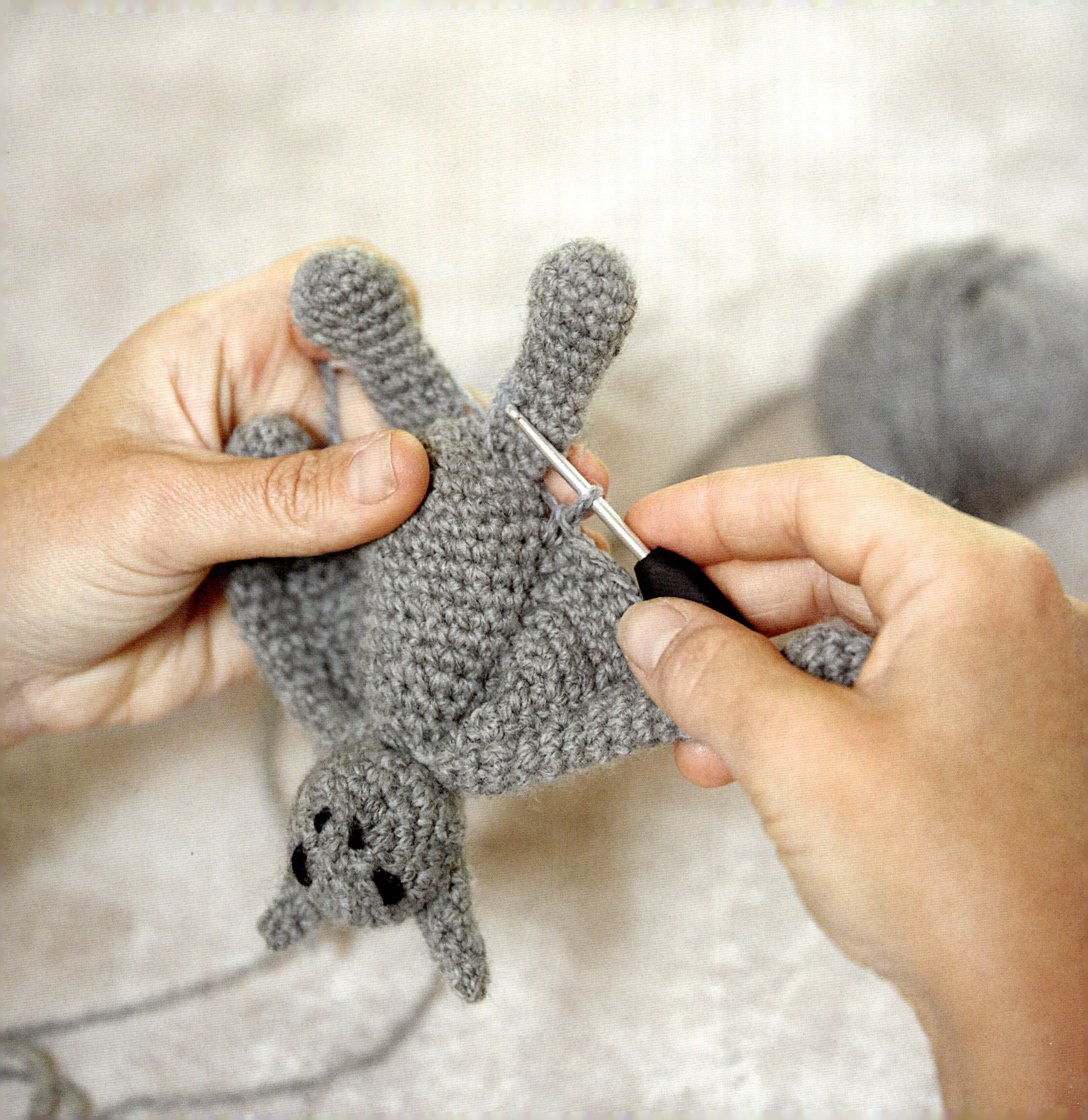

FLUGHAUT HÄKELN

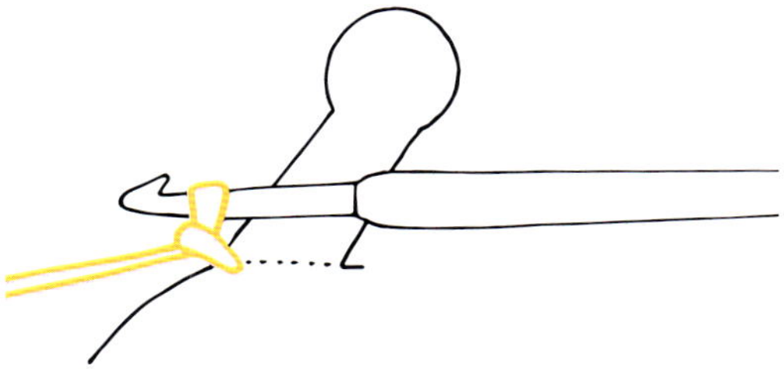

1 Die Figur ausstopfen und zusammennähen. Mit der Häkelnadel unter einer Masche in der Achselhöhle einstechen und eine Kettmasche häkeln.

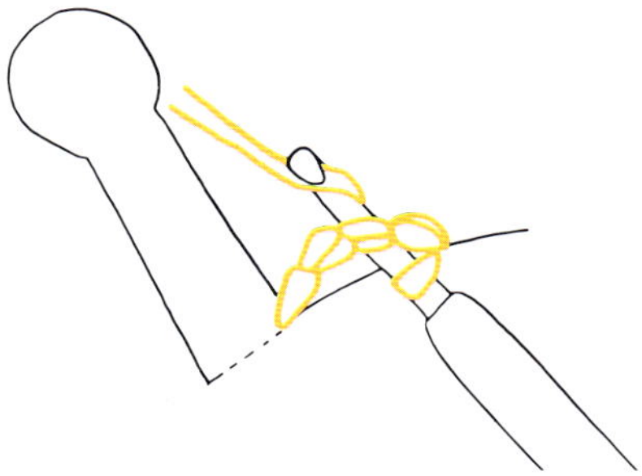

2 Zwischen Arm und Körper 3 Kettmaschen aufhäkeln.

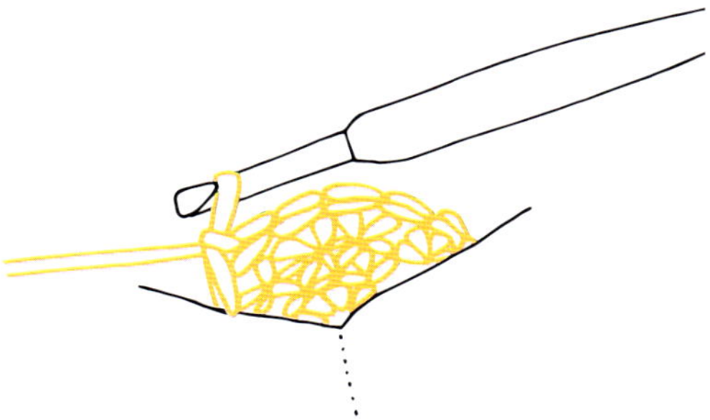

3 Über diese Maschen in Reihen hin und her arbeiten, dabei so zunehmen wie in der Anleitung angegeben. Bei der Fledermaus am Anfang jeder Reihe 1 Masche zunehmen. Mit einer Km am Rand fixieren.

SWALEDALE-SCHAF

FARBEN | CHARCOAL, CREAM, CAMEL

KÖRPER
Verwendete Farbe: Charcoal
Wie den Schafkörper auf Seite 30 arbeiten.

KOPF
Verwendete Farbe: Charcoal
Beginnen Sie mit 6 fM im Anfangsring.
1. Rd: (2 fM in die nächste M) 6x (12)
2. Rd: (1 fM, 2 fM in die nächste M) 6x (18)
3. Rd: (2 fM, 2 fM in die nächste M) 6x (24)
4.–6. Rd: fM (3 Rd)
7. Rd: (2 fM zus) 3x, 18 fM (21)
8. Rd: (5 fM, 2 fM zus) 3x (18)
Fortfahren mit Farbe Cream.
9. Rd: fM
10. Rd: (4 fM, 2 fM zus) 3x (15)
11. Rd: (3 fM, 2 fM zus) 3x (12)
12. Rd: (2 fM zus) 6x (6)

BEINE (4x)
Verwendete Farbe: Charcoal
Beginnen Sie mit 6 fM im Anfangsring.
1. Rd: (2 fM in die nächste M) 6x (12)
2.–3. Rd: fM (2 Rd)
Fortfahren mit Farbe Cream.
4. Rd: (1 fM, 2 fM zus) 4x (8)
Ab hier in ungeraden Runden abwechselnd 1 M Charcoal, 1 M Cream häkeln, in geraden Runden nur mit Cream arbeiten.
5.–12. Rd: fM (8 Rd)
Nur das untere Ende ausstopfen, das obere Ende flach zusammennähen.

HÖRNER (2x)
Verwendete Farbe: Camel
Beginnen Sie mit 4 fM im Anfangsring.
Nur ins hintere Maschenglied einstechen (siehe Seite 87).
1. Rd: (2 fM in die nächste M) 4x (8)
2.–4. Rd: fM (3 Rd)
5. Rd: 2 fM zus, 6 fM (7)
6. Rd: fM
7. Rd: 2 fM zus, 5 fM (6)
8. Rd: fM
9. Rd: 2 fM zus, 4 fM (5)
10. Rd: fM
11. Rd: 2 fM zus, 3 fM (4)
12. Rd: fM

AUGEN (2x)
Verwendete Farbe: Cream
6 fM in einen Anfangsring arbeiten.

OHREN (2x)
Verwendete Farbe: Charcoal
Beginnen Sie mit 5 fM im Anfangsring.
1.–3. Rd: fM (3 Rd)
Nicht ausstopfen.

SCHWANZ
Verwendete Farbe: Charcoal
Beginnen Sie mit 5 fM im Anfangsring.
1.–3. Rd: fM (3 Rd)

FELL
Verwendete Farbe: Cream
Den ganzen Körper mit 6er-Luftmaschenbögen (siehe Seite 33) behäkeln.

Alle Teile zusammennähen (siehe Seite 23). Zuletzt Pupillen und Nase mit schwarzem Garn aufsticken.

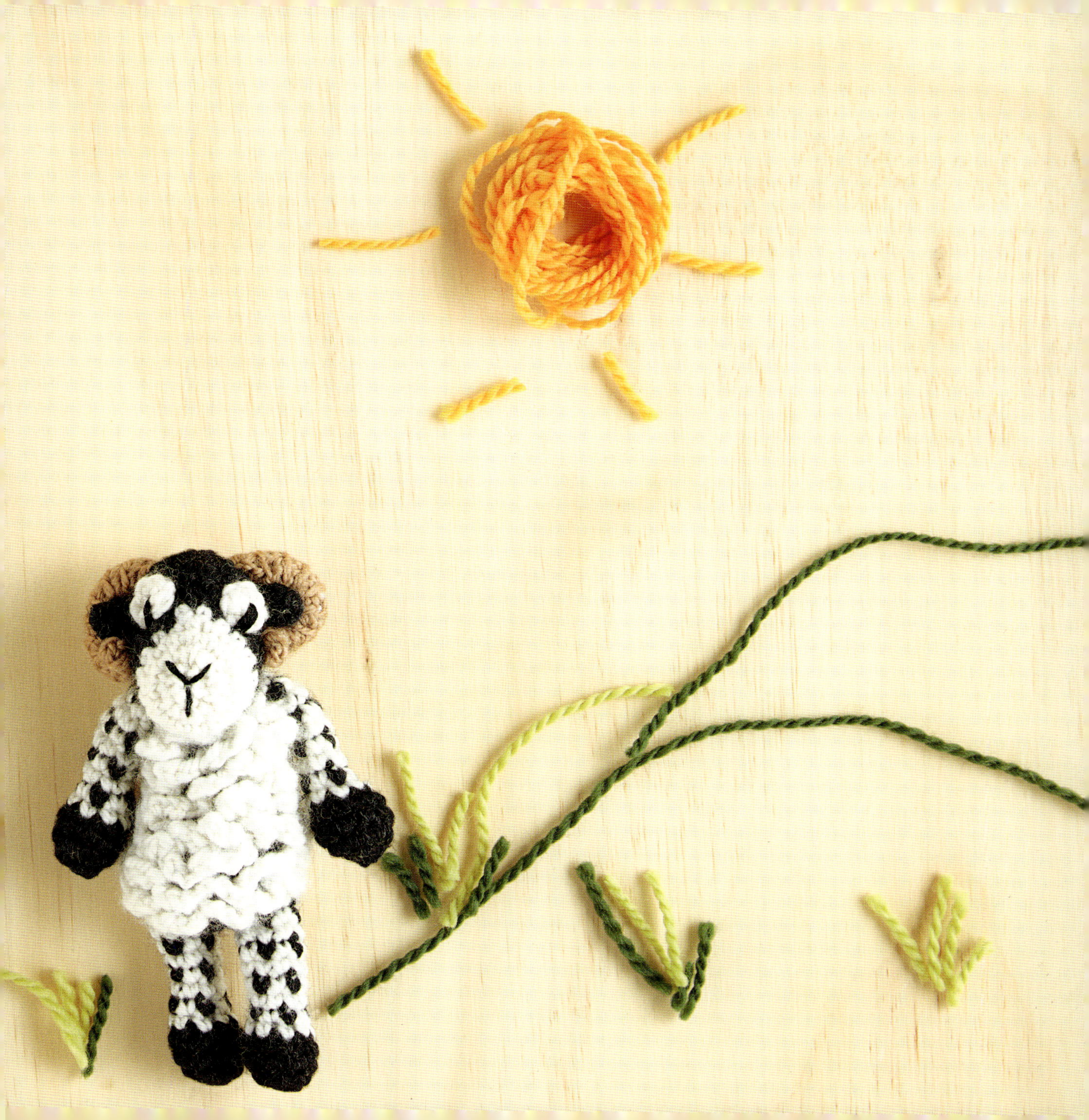

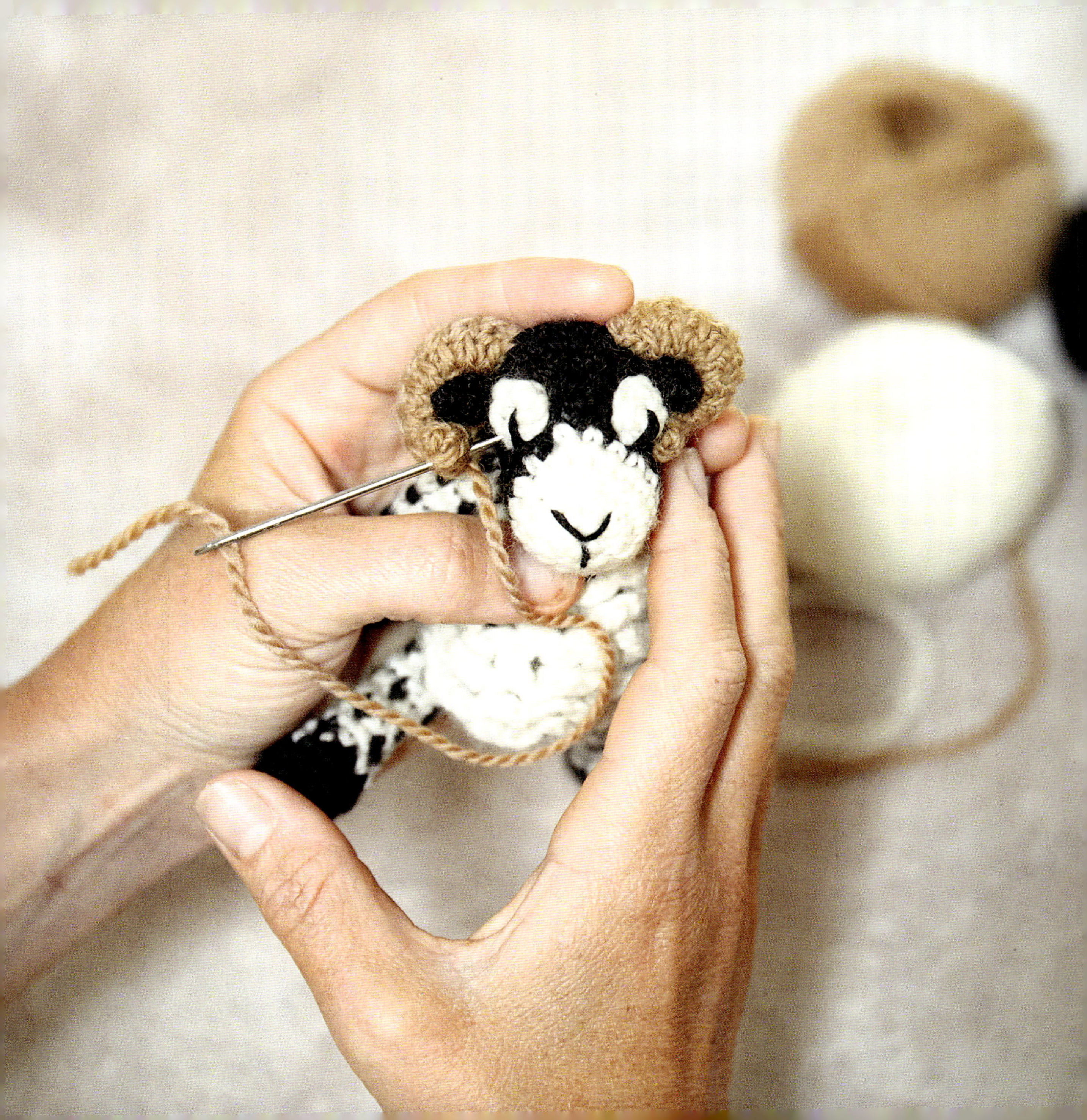

INS HINTERE MASCHENGLIED EINSTECHEN

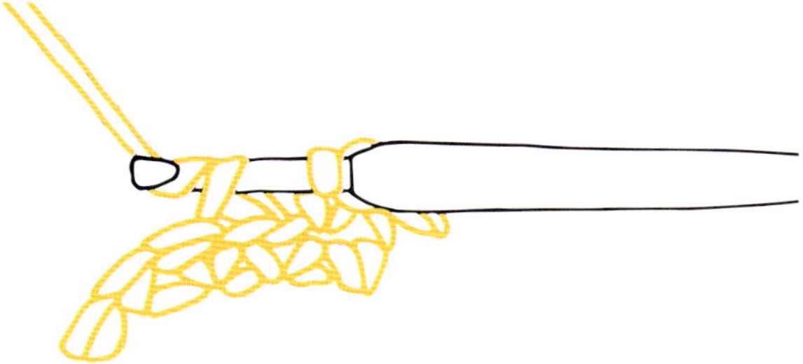

Mit der Häkelnadel zwischen den beiden Fäden einstechen, die auf der Oberseite der Masche ein V bilden, sodass die Masche nur um den hinteren dieser Fäden gearbeitet wird. Das vordere Maschenglied bleibt dadurch auf der rechten Seite der Arbeit (wie ein Querfaden) sichtbar.

TEILE AUFNÄHEN

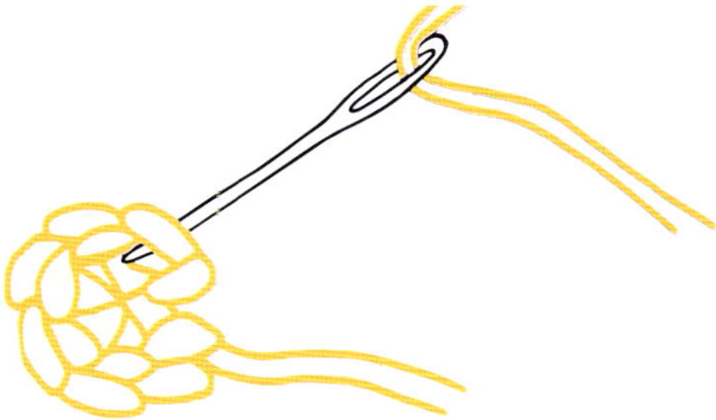

1. Falls nötig, das Teil feststecken.
2. Den äußeren Rand mit Rückstichen festnähen.
3. Den Faden durch das Teil ziehen und um eine Masche herum vernähen.

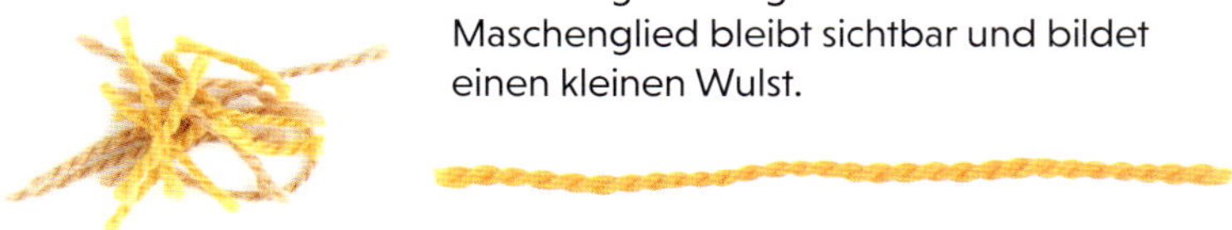

Für die Hörner wird nur ins hintere Maschenglied eingestochen. Das vordere Maschenglied bleibt sichtbar und bildet einen kleinen Wulst.

SCHNECKE

FARBEN | STONE, FUDGE

KÖRPER / KOPF

Verwendete Farbe: Stone
Beginnen Sie mit 4 fM im Anfangsring.
1. Rd: fM
2. Rd: 2 fM in die nächste M, 3 fM (5 M)
3. Rd: fM
4. Rd: 2 fM in die nächste M, 4 fM (6)
5. Rd: fM
6. Rd: 5 fM, 2 fM in die nächste M (7)
7. Rd: 2 fM in die nächste M, 6 fM (8)
8. Rd: fM
9. Rd: 2 fM in die nächste M, 7 fM (9)
10.–12. Rd: fM (3 Rd)
13. Rd: 2 fM in die nächste M, 8 fM (10)
14. Rd: 2 fM in die nächste M, 9 fM (11)
Ausstopfen, dann fortfahren.
15. Rd: (2 fM in die nächste M) 2x, 3 fM, (2 fM zus) 2x, 2 fM (11)
16. Rd: (2 fM in die nächste M) 2x, 1 fM, (2 fM zus) 3x, 2 fM (10)
17. Rd: 2 fM in die nächste M, 3 fM, (2 fM zus) 3x (8)
18. Rd: 4 hStb, (2 fM zus) 2x (6)
Ausstopfen. Mit den Fühlern fortfahren.

FÜHLER

Den Kopf zur Hälfte falten und die Oberkante mit 3 fM zusammenhäkeln.
5 Lm, wenden und 4 Km zurück häkeln. 2 Km durch beide Lagen des Kopfs, 5 Lm, 4 Km zurück häkeln.

SCHNECKENHAUS

Verwendete Farbe: Fudge
Nur ins hintere Maschenglied einstechen.
15 Lm mit einer Km zum Ring schließen.
1.–5. Rd: fM (5 Rd)
6. Rd: 2 fM zus, 13 fM (14)
7.–8. Rd: fM (2 Rd)
9. Rd: 2 fM zus, 12 fM (13)
10. Rd: 2 fM zus, 11 fM (12)
11. Rd: 2 fM zus, 10 fM (11)
12. Rd: 2 fM zus, 9 fM (10)
13. Rd: 2 fM zus, 8 fM (9)
14. Rd: 2 fM zus, 7 fM (8)
15. Rd: 2 fM zus, 6 fM (7)
16. Rd: 2 fM zus, 5 fM (6)
17. Rd: 2 fM zus, 4 fM (5)
18.–19. Rd: fM (2 Rd)
20. Rd: 2 fM zus, 3 fM (4)

Hinweise zum Zusammennähen auf Seite 91.

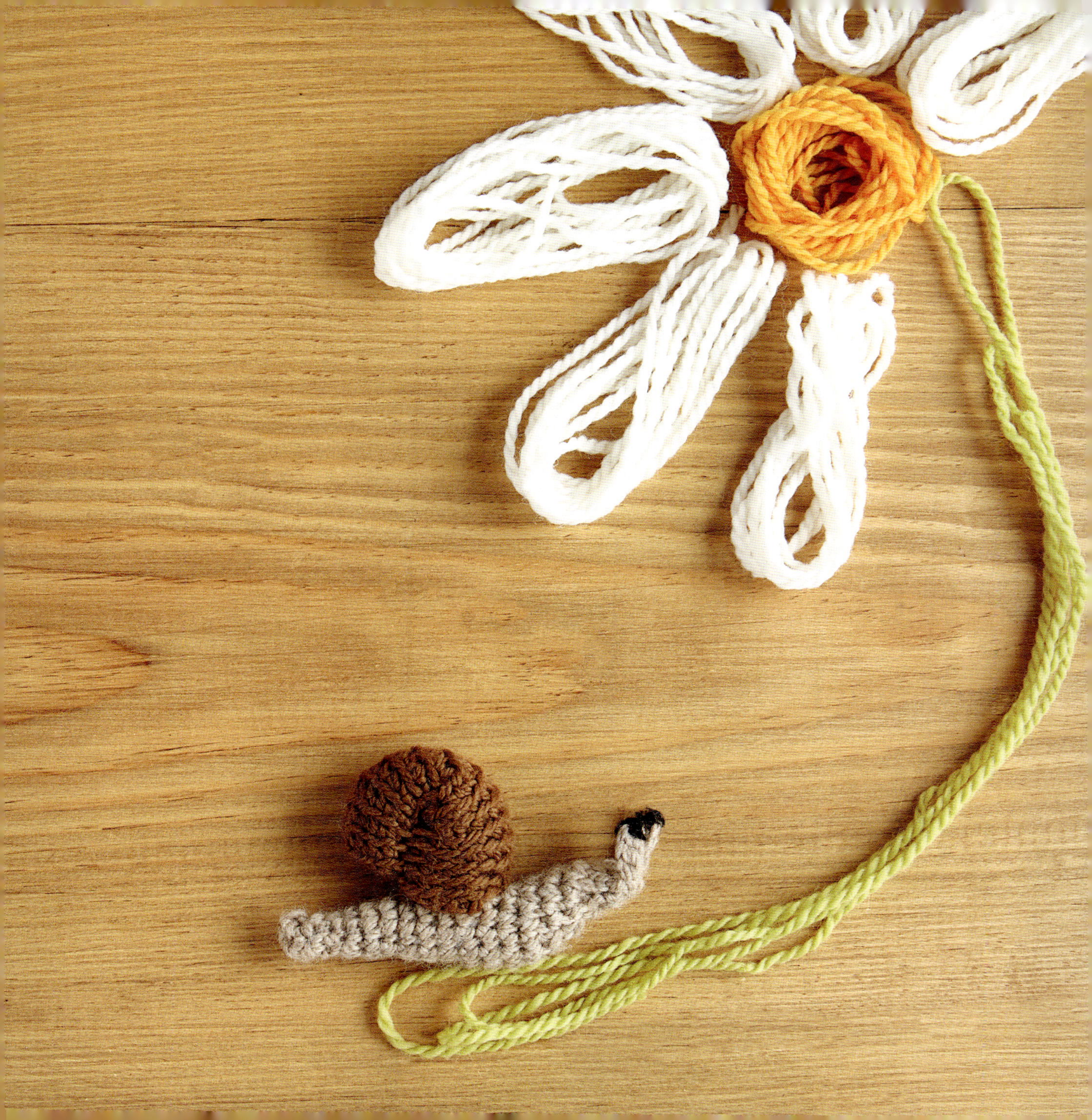

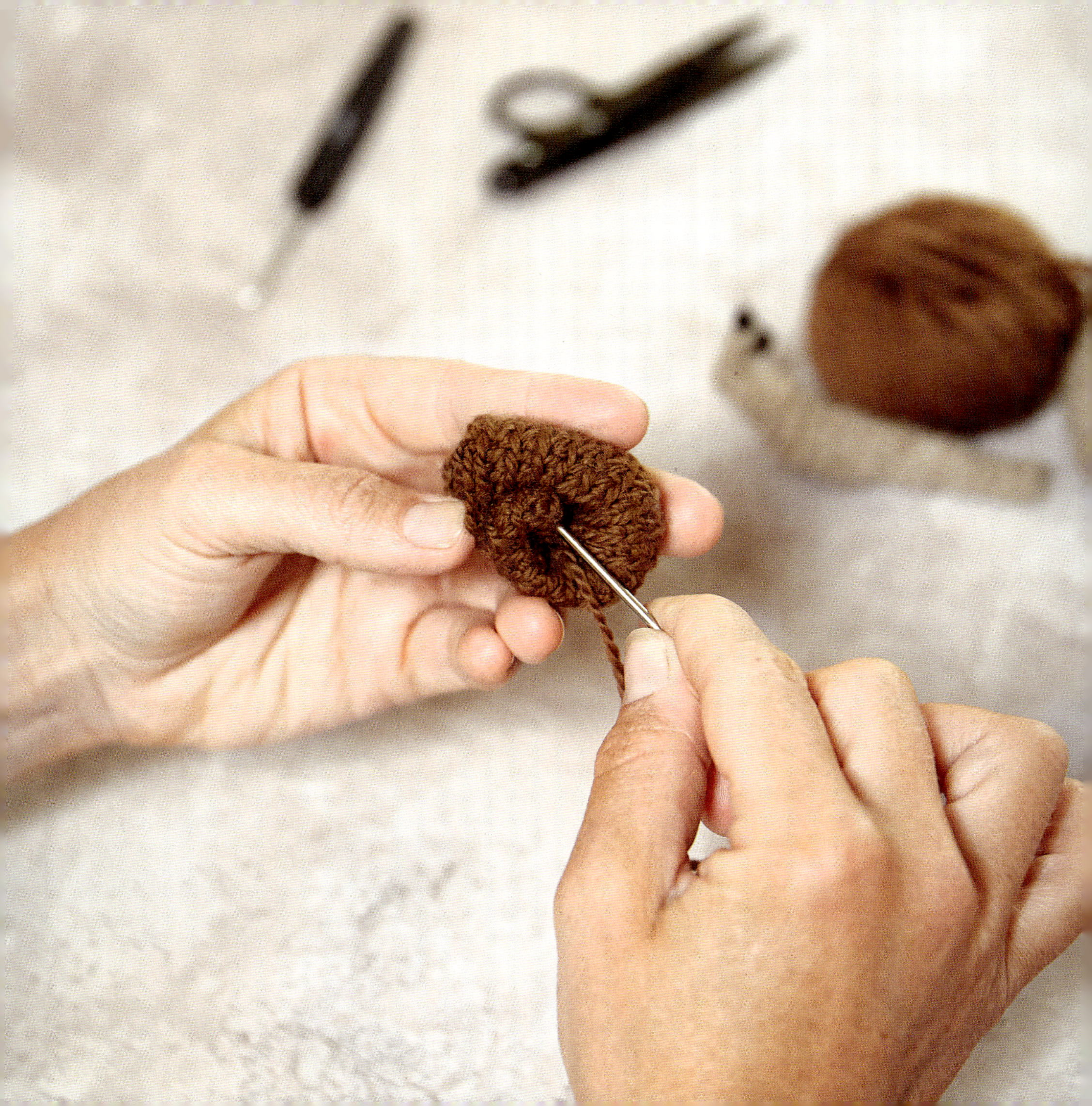

DIE SCHNECKE ZUSAMMENNÄHEN

1. Das Schneckenhaus ausstopfen, dann aufrollen und die Windungen mit einigen Stichen fixieren.
2. Das aufgerollte Schneckenhaus an den Körper nähen.
3. Die Augen mit schwarzem Garn auf die Enden der Fühler sticken.

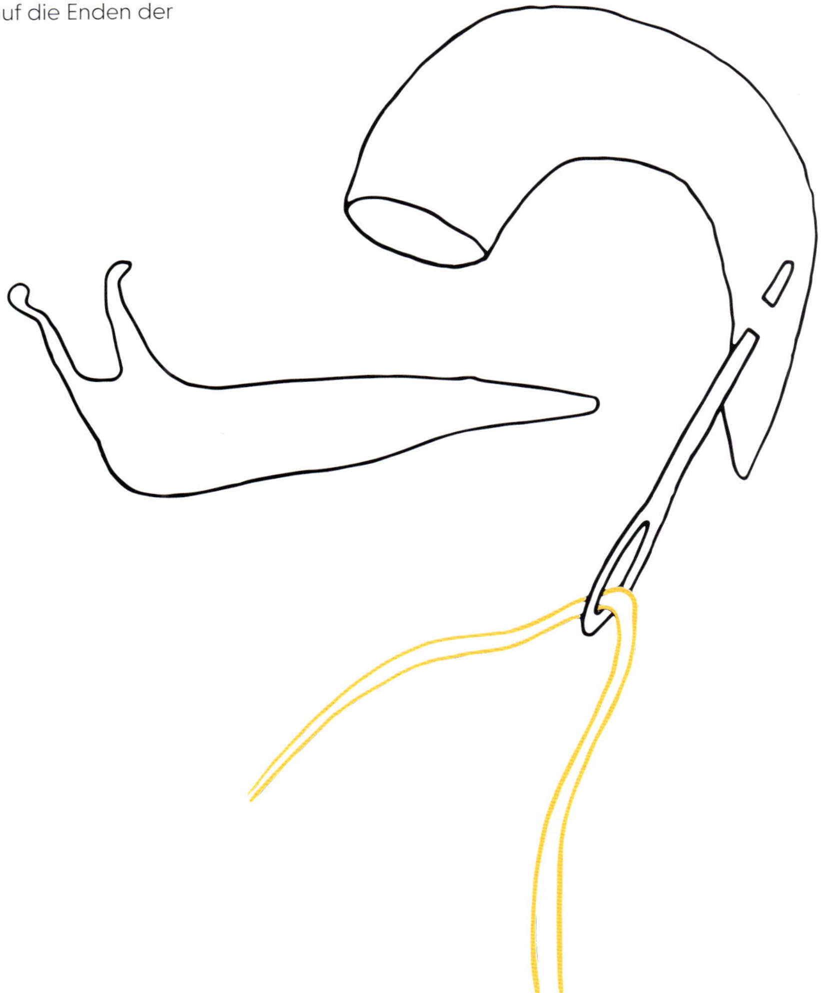

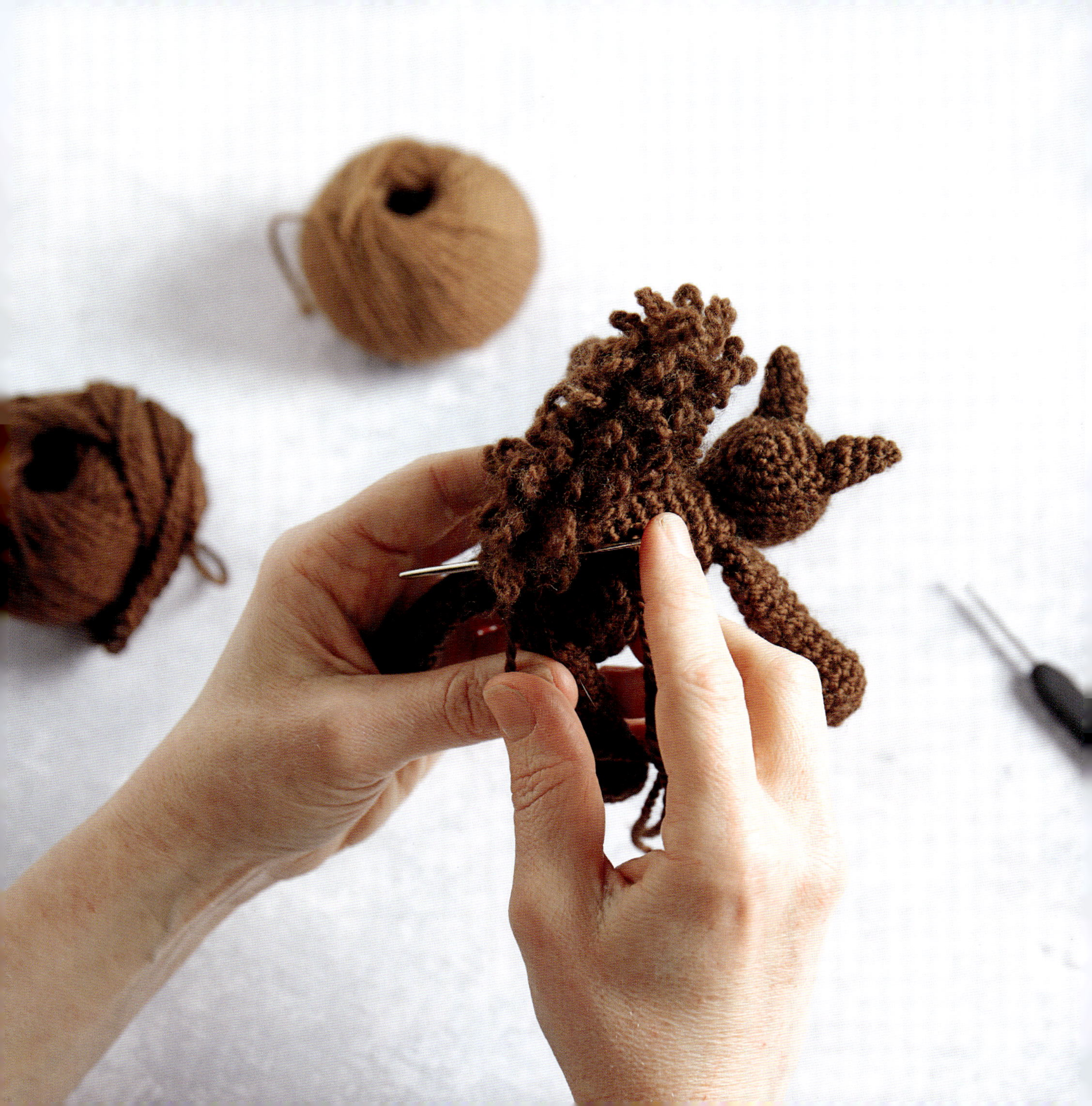

SCHLAUFENMASCHE (SCHLM)

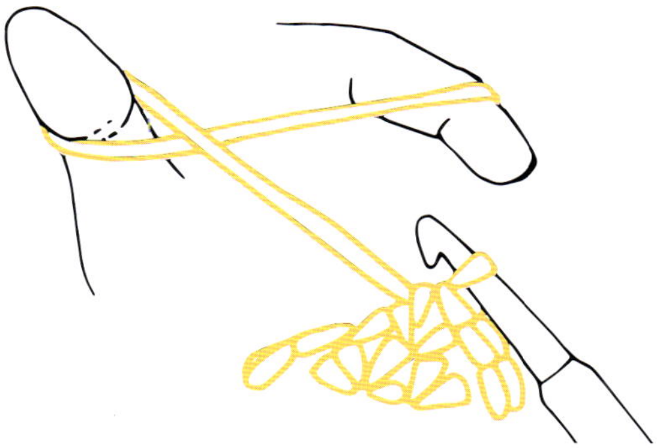

1 Den Faden entgegen dem Uhrzeigersinn um den Daumen der linken Hand legen. Mit der Häkelnadel in die nächste Masche einstechen. Die Häkelnadel zwischen Daumen und Zeigefinger unter den Faden bewegen.

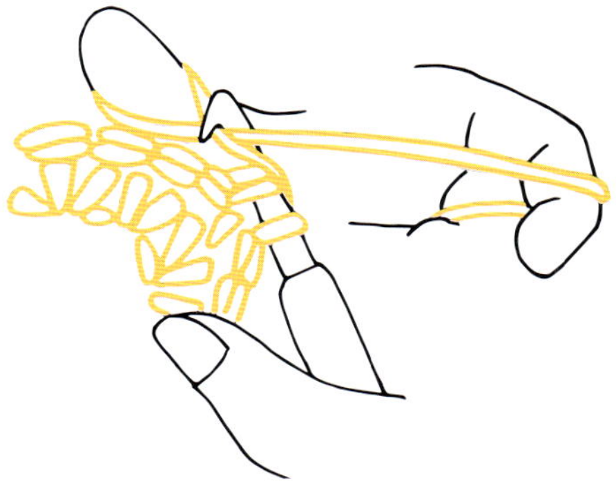

2 Beide Fäden erfassen, durchziehen und die feste Masche einfädig beenden, dabei bleibt die Schlaufe noch auf dem Daumen liegen.

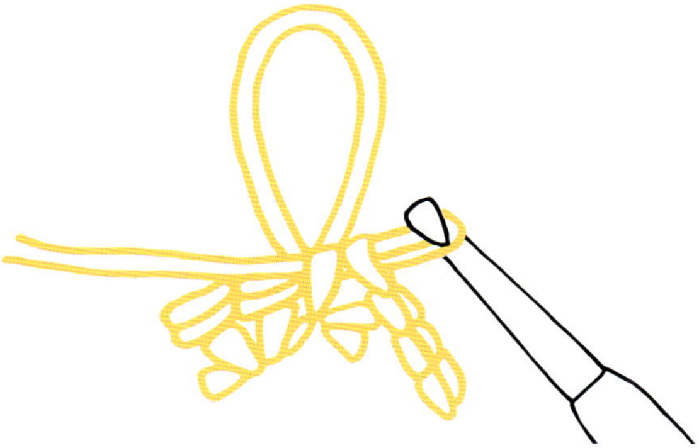

3 Den Daumen aus der Schlaufe ziehen. Die Schlaufe nach vorne legen und die nächste Masche häkeln, um die Schlaufe zu fixieren. So oft wiederholen, wie in der Anleitung angegeben.

EICHHÖRNCHEN

FARBE | CHESTNUT

KÖRPER
Beginnen Sie mit 6 fM im Anfangsring.
1. Rd: (2 fM in die nächste M) 6x (12)
2. Rd: (1 fM, 2 fM in die nächste M) 6x (18)
3. Rd: (2 fM, 2 fM in die nächste M) 6x (24)
4.–8. Rd: fM (5 Rd)
9. Rd: 9 fM, (2 fM zus) 3x, 9 fM (21)
10. Rd: (5 fM, 2 fM zus) 3x (18)
11.–13. Rd: fM (3 Rd)
14. Rd: (4 fM, 2 fM zus) 3x (15)
15. Rd: (3 fM, 2 fM zus) 3x (12)
16. Rd: (2 fM zus) 6x (6)

KOPF
Beginnen Sie mit 6 fM im Anfangsring.
1. Rd: (2 fM in die nächste M) 6x (12)
2. Rd: (1 fM, 2 fM in die nächste M) 6x (18)
3. Rd: (2 fM, 2 fM in die nächste M) 6x (24)
4.–6. Rd: fM (3 Rd)
7. Rd: (6 fM, 2 fM zus) 3x (21)
8. Rd: (5 fM, 2 fM zus) 3x (18)
9. Rd: (4 fM, 2 fM zus) 3x (15)
10. Rd: (3 fM, 2 fM zus) 3x (12)
11. Rd: (1 fM, 2 fM zus) 4x (8)
12. Rd: (2 fM zus) 4x (4)

BEINE (4x)
Beginnen Sie mit 6 fM im Anfangsring.
1. Rd: (2 fM in die nächste M) 6x (12)
2.–3. Rd: fM (2 Rd)
4. Rd: (1 fM, 2 fM zus) 4x (8)
5.–12. Rd: fM (8 Rd)
Nur das untere Ende ausstopfen, das obere Ende flach zusammennähen.

OHREN (2x)
Beginnen Sie mit 6 fM im Anfangsring.
1. Rd: fM
2. Rd: 2 fM zus, 4 fM (5)
3. Rd: 2 fM zus, 3 fM (4)
Nicht ausstopfen.

SCHWANZ
Jede zweite Masche als 1 cm große Schlaufenmasche (siehe Seite 93) arbeiten.
Beginnen Sie mit 6 fM im Anfangsring.
1. Rd: (1 fM, 2 fM in die nächste M) 3x (9)
2.–16. Rd: fM (15 Rd)

Alle Teile zusammennähen (siehe Seite 23). Zuletzt die Augen mit schwarzem Garn aufsticken.

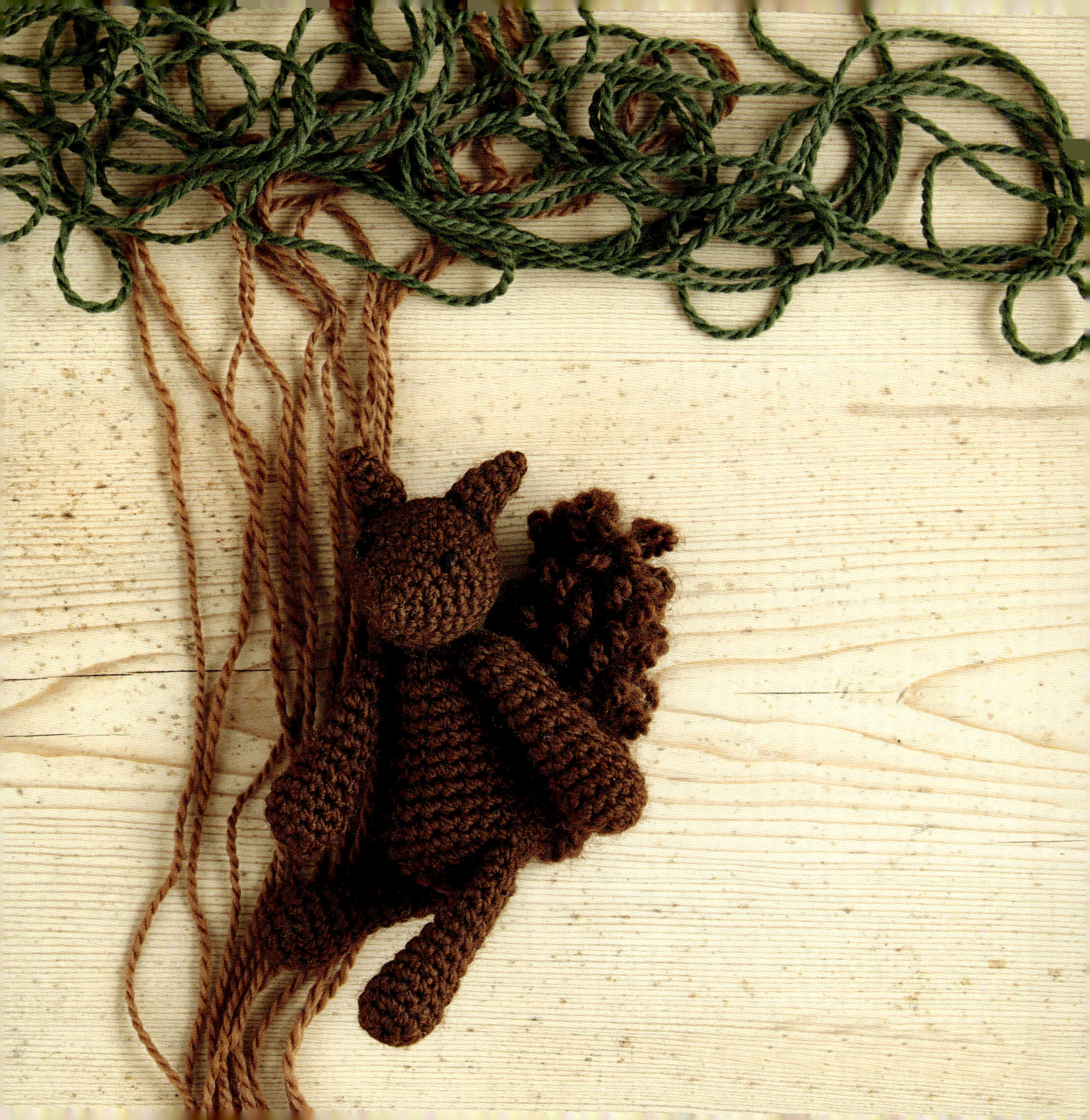

BORDER COLLIE

FARBEN | CHARCOAL, CREAM

KÖRPER
Verwendete Farbe: Charcoal
Beginnen Sie mit 6 fM im Anfangsring.
1. Rd: (2 fM in die nächste M) 6x (12)
2. Rd: (1 fM, 2 fM in die nächste M) 6x (18)
3. Rd: (2 fM, 2 fM in die nächste M) 6x (24)
4.–8. Rd: fM (5 Rd)
9. Rd: 9 fM, (2 fM zus) 3x, 9 fM (21)
10. Rd: (5 fM, 2 fM zus) 3x (18)
11. Rd: fM
Ab hier jede Masche in Cream als 1 cm große Schlaufenmasche (siehe Seite 93) häkeln.
12.–13. Rd: 7 fM Charcoal, 4 fM Cream, 7 fM Charcoal (2 Rd)
14. Rd: 4 fM, 2 fM zus, 2 fM Charcoal, 2 fM, 2 fM zus Cream, 4 fM, 2 fM zus Charcoal (15)
15. Rd: 3 fM, 2 fM zus, 2 fM Charcoal, 1 fM, 2 fM zus Cream, 3 fM, 2 fM zus Charcoal (12)
Fortfahren nur mit Farbe Charcoal.
16. Rd: (2 fM zus) 6x (6)

KOPF
Verwendete Farbe: Charcoal
1.–3. Rd: wie den Körper häkeln (24)
4.–6. Rd: fM (3 Rd)
7. Rd: 2 fM Charcoal, 4 fM Cream, (1 fM, 2 fM zus) 6x Charcoal (18)
8. Rd: 2 fM zus, 1 fM Charcoal, 3 fM Cream, 2 fM zus, 10 fM Charcoal (16)
9. Rd: 3 fM Charcoal, 1 fM Cream, (1 fM, 2 fM zus) 4x Charcoal (12)
10. Rd: 3 fM Charcoal, 1 fM Cream, 8 fM Charcoal
Fortfahren nur mit Farbe Cream.
11.–12. Rd: fM (2 Rd)
13. Rd: (2 fM, 2 fM zus) 3x (9)
14. Rd: (1 fM, 2 fM zus) 3x (6)

BEINE (4x)
Verwendete Farbe: Cream
Beginnen Sie mit 6 fM im Anfangsring.
1. Rd: (2 fM in die nächste M) 6x (12)
2.–3. Rd: fM (2 Rd)
4. Rd: (1 fM, 2 fM zus) 4x (8)
5.–6. Rd: fM (2 Rd)
Fortfahren mit Farbe Charcoal.
7.–12. Rd: fM (6 Rd)
Nur das untere Ende ausstopfen, das obere Ende flach zusammennähen.

OHREN (2x)
Verwendete Farbe: Charcoal
6 Lm mit einer Km zum Ring schließen.
1. Rd: (2 fM in die nächste M) 6x (12)
2.–6. Rd: fM (5 Rd)
7. Rd: (2 fM, 2 fM zus) 3x (9)
8. Rd: (1 fM, 2 fM zus) 3x (6)

SCHWANZ
Verwendete Farbe: Charcoal
5 Lm mit einer Km zum Ring schließen.
1.–3. Rd: fM (3 Rd)
Fortfahren mit Farbe Cream, jede zweite Masche als 1 cm große Schlaufenmasche (siehe Seite 93) arbeiten.
4. Rd: 2 fM zus, 3 fM (4)
5. Rd: fM
6. Rd: 2 fM zus, 2 fM (3)

Alle Teile zusammennähen (siehe Seite 23). Zuletzt Augen und Nase mit schwarzem Garn aufsticken.

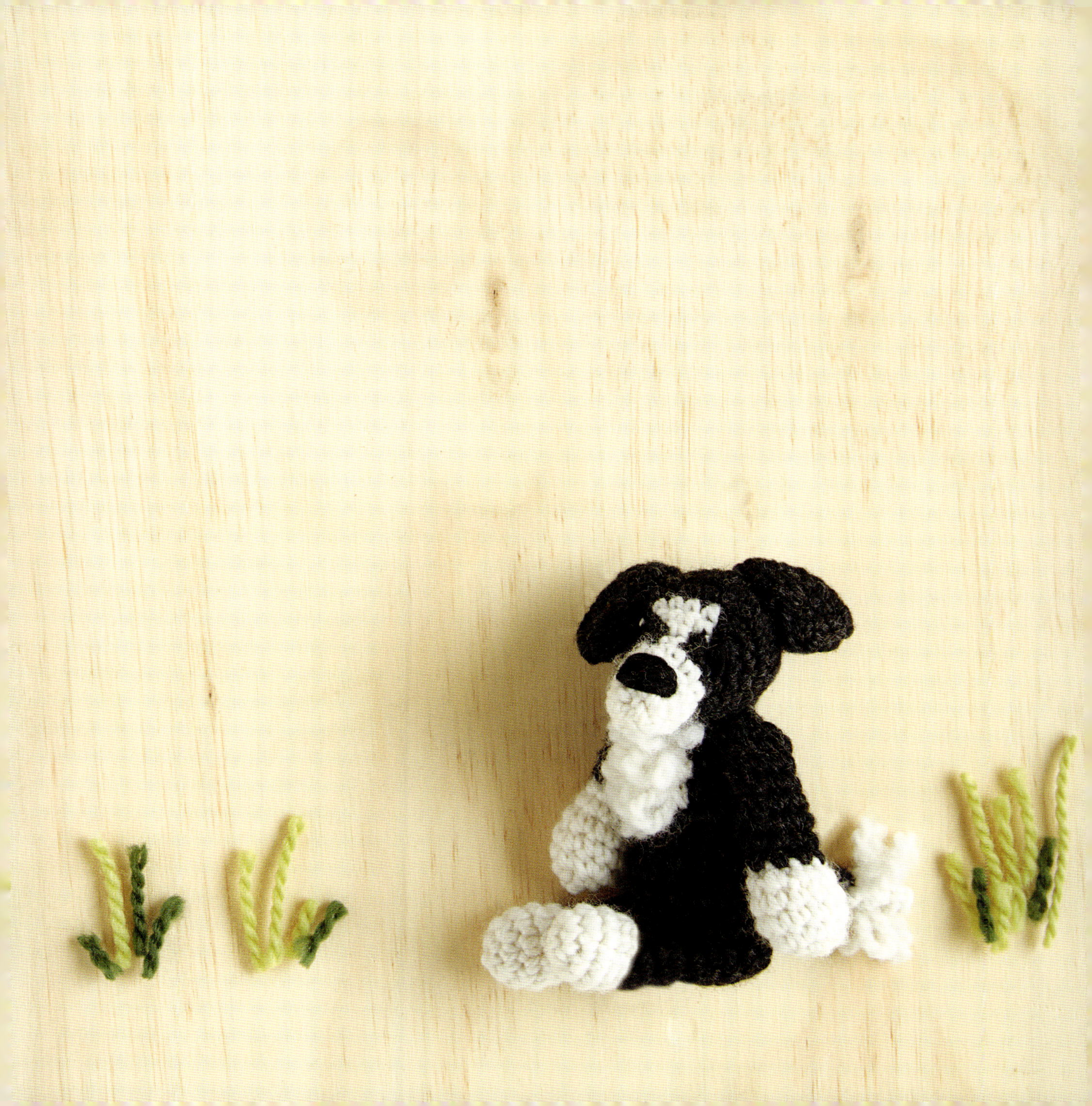

KALTBLÜTER

FARBEN | CHESTNUT, CREAM, CHARCOAL

KÖRPER
Verwendete Farbe: Chestnut
Beginnen Sie mit 6 fM im Anfangsring.
1. Rd: (2 fM in die nächste M) 6x (12)
2. Rd: (1 fM, 2 fM in die nächste M) 6x (18)
3. Rd: (2 fM, 2 fM in die nächste M) 6x (24)
4.–8. Rd: fM (5 Rd)
9. Rd: 9 fM, (2 fM zus) 3x, 9 fM (21)
10. Rd: (5 fM, 2 fM zus) 3x (18)
11.–13. Rd: fM (3 Rd)
14. Rd: (4 fM, 2 fM zus) 3x (15)
15. Rd: (3 fM, 2 fM zus) 3x (12)
16. Rd: (2 fM zus) 6x (6)

KOPF
Verwendete Farbe: Chestnut
Beginnen Sie mit 6 fM im Anfangsring.
1. Rd: (2 fM in die nächste M) 6x (12)
2. Rd: (1 fM, 2 fM in die nächste M) 6x (18)
3. Rd: (2 fM, 2 fM in die nächste M) 6x (24)
4.–6. Rd: fM (3 Rd)
7. Rd: (2 fM, 2 fM zus) 6x (18)
8. Rd: (1 fM, 2 fM zus) 6x (12)
Fortfahren mit Farbe Cream.
9.–10. Rd: fM (2 Rd)
11. Rd: (3 fM, 2 fM in die nächste M) 3x (15)
12. Rd: (1 fM, 2 fM zus) 5x (10)
13. Rd: (2 fM zus) 5x (5)

OHREN (2x)
Verwendete Farbe: Chestnut
Beginnen Sie mit 6 fM im Anfangsring.
1. Rd: (1 fM, 2 fM in die nächste M) 3x (9)
2.–3. Rd: fM (2 Rd)
4. Rd: (1 fM, 2 fM zus) 3x (6)
5. Rd: (1 fM, 2 fM zus) 2x (4)
Nicht ausstopfen.

BEINE (4x)
Verwendete Farbe: Charcoal
Beginnen Sie mit 6 fM im Anfangsring.
1. Rd: (2 fM in die nächste M) 6x (12)
Fortfahren mit Farbe Cream, dabei jede zweite Masche als Schlaufenmasche (siehe Seite 93) arbeiten. Mit 2 cm großen Schlaufen beginnen und die Schlaufen allmählich vergrößern.
2.–3. Rd: fM (2 Rd)
4. Rd: (1 fM, 2 fM zus) 4x (8)
5.–8. Rd: fM (4 Rd)
Fortfahren mit Farbe Chestnut, ohne Schlaufen.
9.–12. Rd: fM (4 Rd)
Nur das untere Ende ausstopfen, das obere Ende flach zusammennähen.

SCHWANZ
Verwendete Farbe: Charcoal
Am Hinterteil zehn Fransen einknüpfen und auf 12 cm zurückschneiden (siehe Seite 101).

MÄHNE
Verwendete Farbe: Charcoal
Am Hinterkopf und zwischen den Ohren zehn Fransen einknüpfen und auf 3 cm zurückschneiden (siehe Seite 101).

BLESSE
Mit doppeltem Faden in Cream vom Farbwechsel aufwärts zwei lange Stiche über vier Runden aufsticken.

Alle Teile zusammennähen (siehe Seite 23). Zuletzt die Augen mit schwarzem Garn aufsticken.

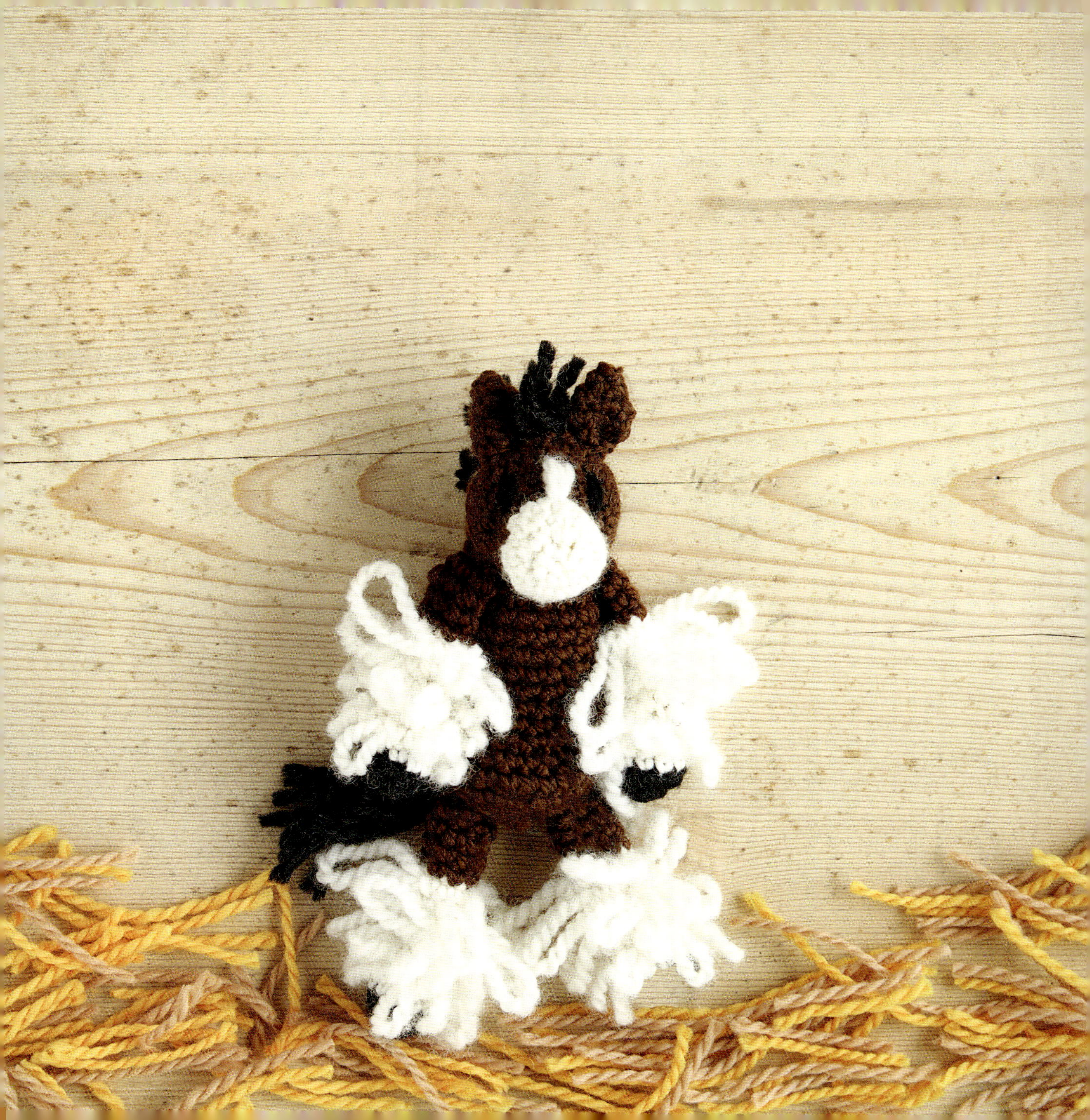

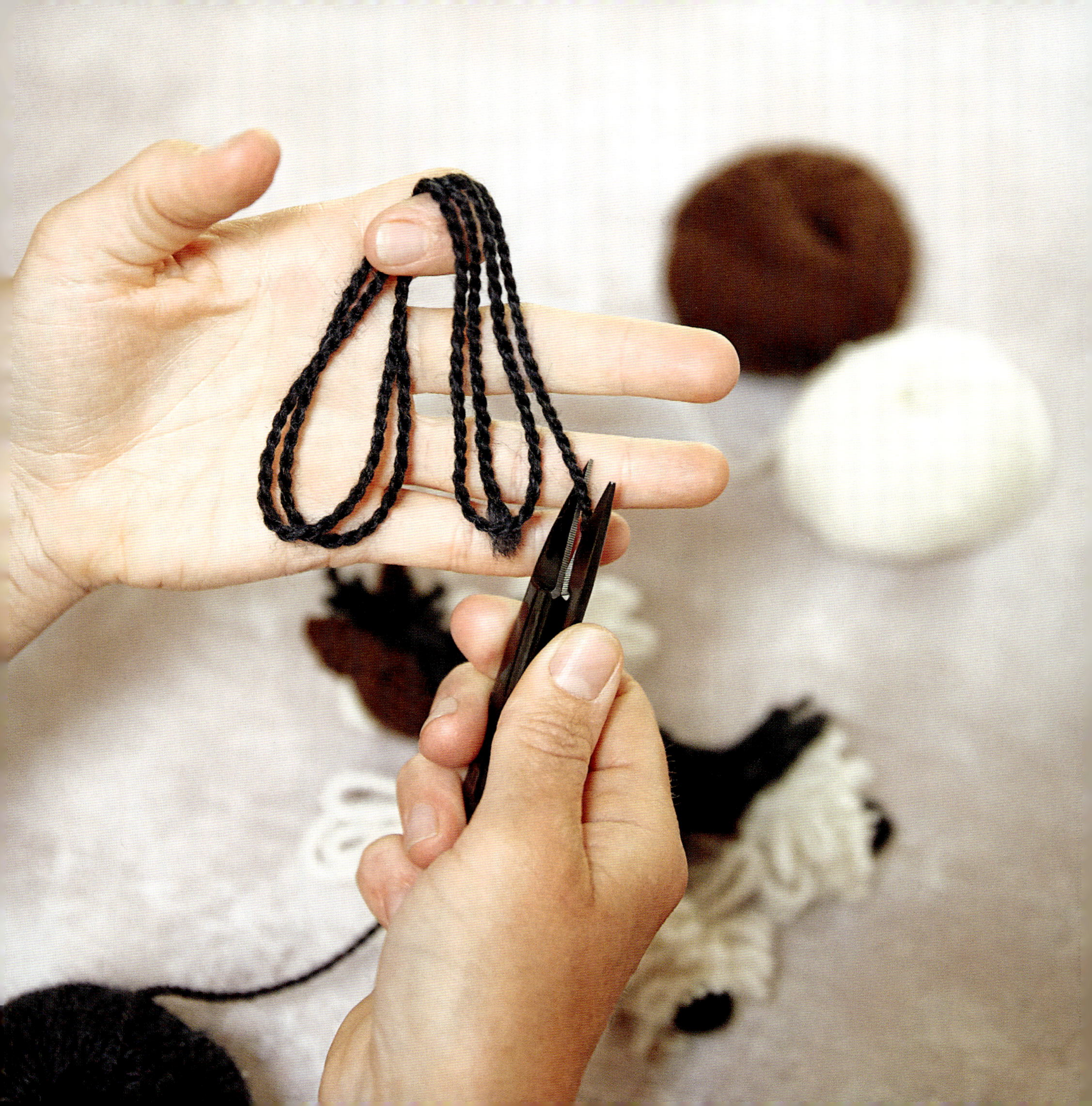

FRANSEN EINKNÜPFEN

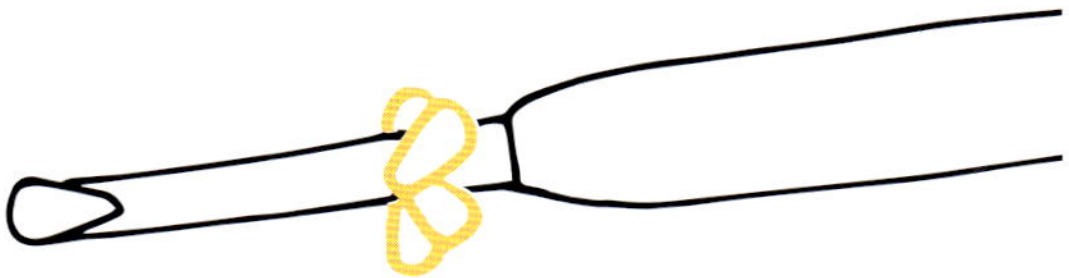

1 Mit der Häkelnadel unter einer Masche durchstechen.

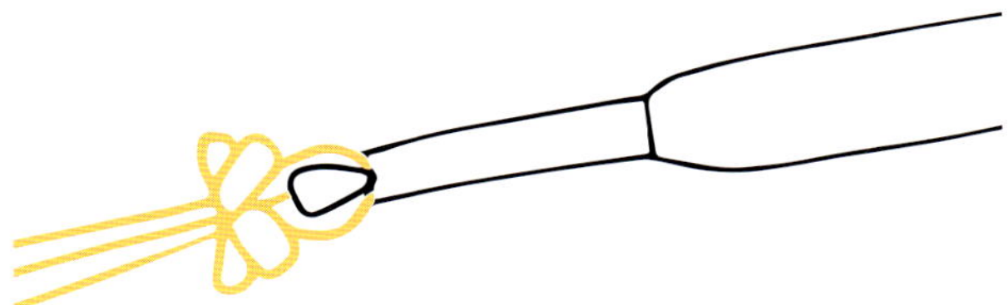

2 Den Fransenfaden (oder die Fransenfäden) doppelt legen. Ihre Mitte mit der Häkelnadel erfassen und durch die Masche ziehen.

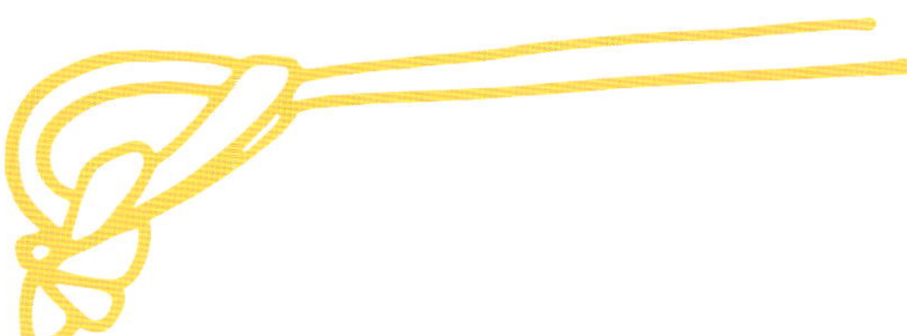

3 Die Fadenenden durch die entstandene Schlaufe ziehen und fest anziehen. Die Enden eventuell auf gleiche Länge schneiden.

HOCHLANDRIND

FARBEN | CAMEL, OATMEAL

KÖRPER

Verwendete Farbe: Camel

In ungeraden Runden jede dritte Masche als 1 cm große Schlaufenmasche arbeiten (siehe Seite 93), in geraden Runden jede fünfte Masche.

Beginnen Sie mit 6 fM im Anfangsring.

1. Rd: (2 fM in die nächste M) 6x (12)

2. Rd: (1 fM, 2 fM in die nächste M) 6x (18)

3. Rd: (2 fM, 2 fM in die nächste M) 6x (24)

4.–8. Rd: fM (5 Rd)

9. Rd: 9 fM, (2 fM zus) 3x, 9 fM (21)

10. Rd: (5 fM, 2 fM zus) 3x (18)

11.–13. Rd: fM (3 Rd)

14. Rd: (4 fM, 2 fM zus) 3x (15)

15. Rd: (3 fM, 2 fM zus) 3x (12)

16. Rd: (2 fM zus) 6x (6)

KOPF

Verwendete Farbe: Camel

In ungeraden Runden jede dritte Masche als 1 cm große Schlaufenmasche arbeiten (siehe Seite 93), in geraden Runden jede fünfte Masche.

Beginnen Sie mit 6 fM im Anfangsring.

1. Rd: (2 fM in die nächste M) 6x (12)

2. Rd: (1 fM, 2 fM in die nächste M) 6x (18)

3. Rd: (2 fM, 2 fM in die nächste M) 6x (24)

4.–6. Rd: fM (3 Rd)

Fortfahren mit Farbe Oatmeal, ohne Schlaufen.

7. Rd: (2 fM, 2 fM zus) 6x (18)

8. Rd: (4 fM, 2 fM zus) 3x (15)

9. Rd: (3 fM, 2 fM zus) 3x (12)

10. Rd: (2 fM zus) 6x (6)

BEINE (4x)

Verwendete Farbe: Camel

In ungeraden Runden jede dritte Masche als 1 cm große Schlaufenmasche arbeiten (siehe Seite 93), in geraden Runden jede fünfte Masche.

Beginnen Sie mit 6 fM im Anfangsring.

1. Rd: (2 fM in die nächste M) 6x (12)

2.–3. Rd: fM (2 Rd)

4. Rd: (1 fM, 2 fM zus) 4x (8)

5.–12. Rd: fM (8 Rd)

Nur das untere Ende ausstopfen, das obere Ende flach zusammennähen.

OHREN (2x)

Verwendete Farbe: Camel

Jede zweite Masche als 1 cm große Schlaufenmasche (siehe Seite 93) arbeiten.

Beginnen Sie mit 5 fM im Anfangsring.

1. Rd: fM

Nicht ausstopfen.

HÖRNER (2x)

Verwendete Farbe: Oatmeal

6 Lm mit einer Km zum Ring schließen.

1.–2. Rd: fM (2 Rd)

3. Rd: 2 fM zus, 4 fM (5)

4.–5. Rd: fM (2 Rd)

6. Rd: 2 fM zus, 3 fM (4)

7. Rd: (2 fM zus) 2x (2)

SCHWANZ

Verwendete Farbe: Camel

Den Schwanz mit Luftmaschenbögen häkeln (siehe Seite 55): 1 Km an der Position des Schwanzes, 3 LM, drei 6er-Luftmaschenbögen (siehe Seite 33) in die letzte Lm.

Alle Teile zusammennähen (siehe Seite 23). Zuletzt Augen and Nasenlöcher mit schwarzem Garn aufsticken.

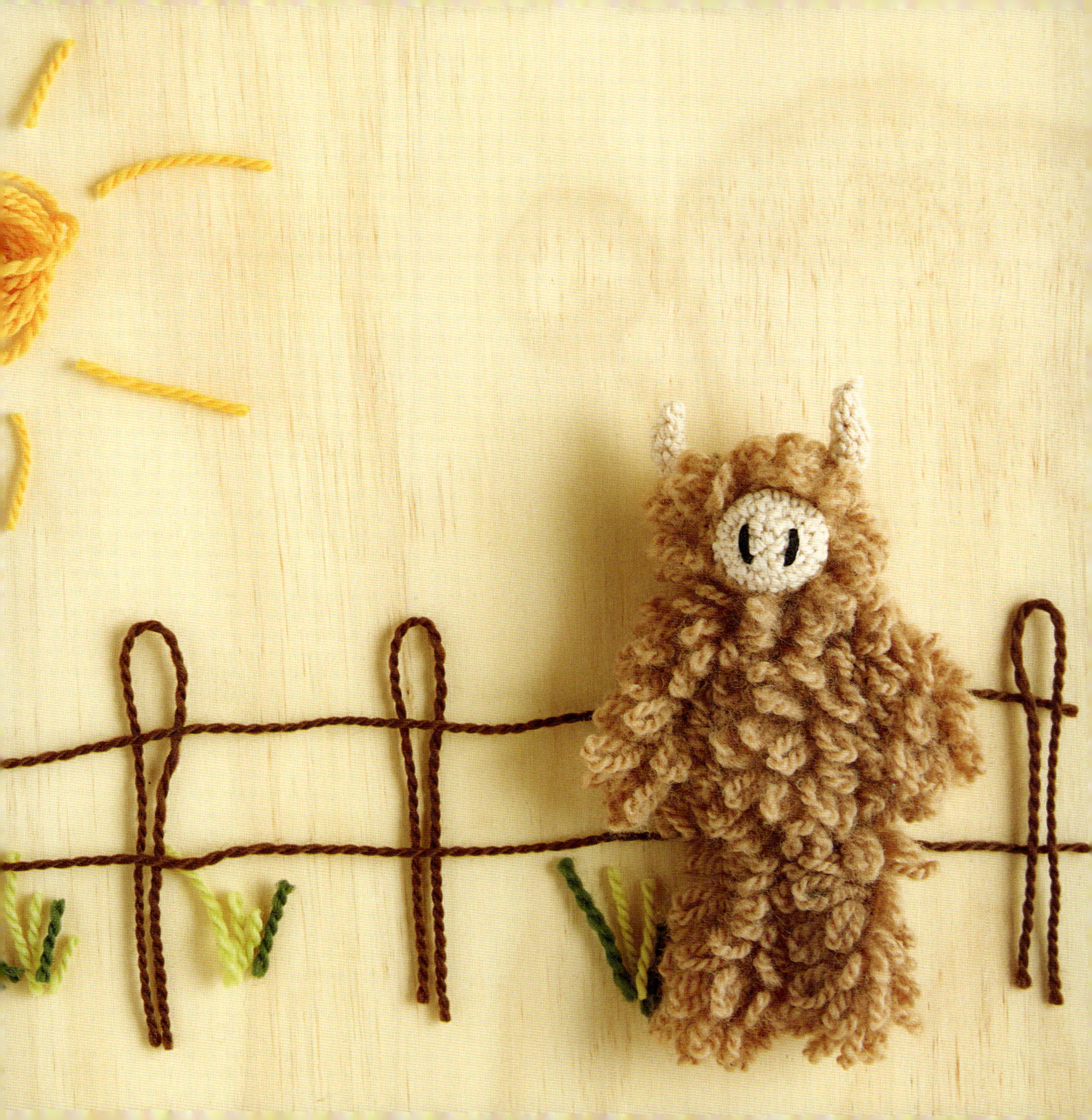

WEITERE TITEL

Neben den vier Titeln dieser Reihe (siehe Umschlagklappen) sind bereits weitere Bücher aus Edwards Tierparade im frechverlag erschienen.

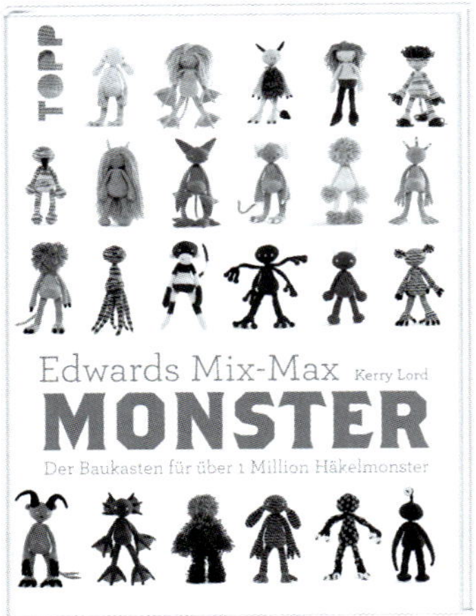

ISBN 978-3-7724-4847-8

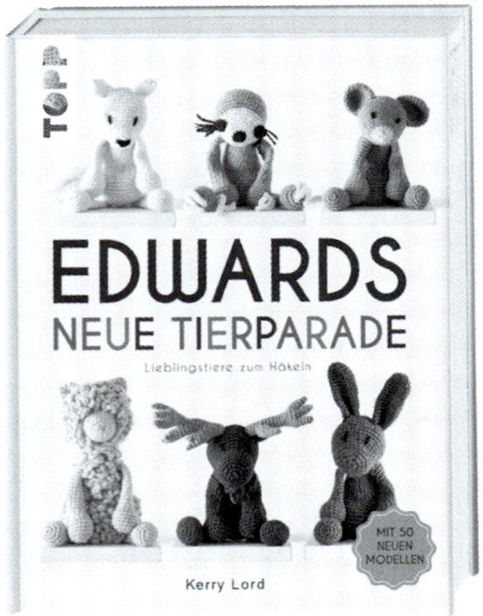

ISBN 978-3-7724-4848-5

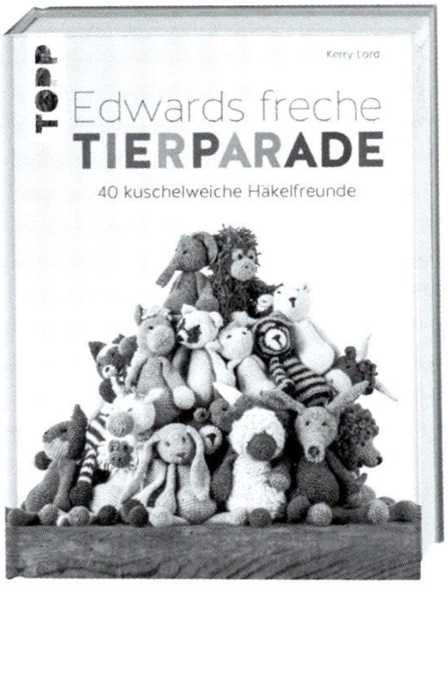

ISBN 978-3-7724-6385-3

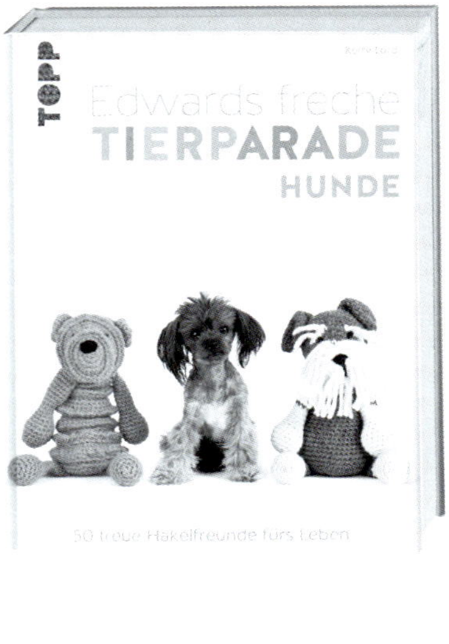

ISBN 978-3-7724-8164-2

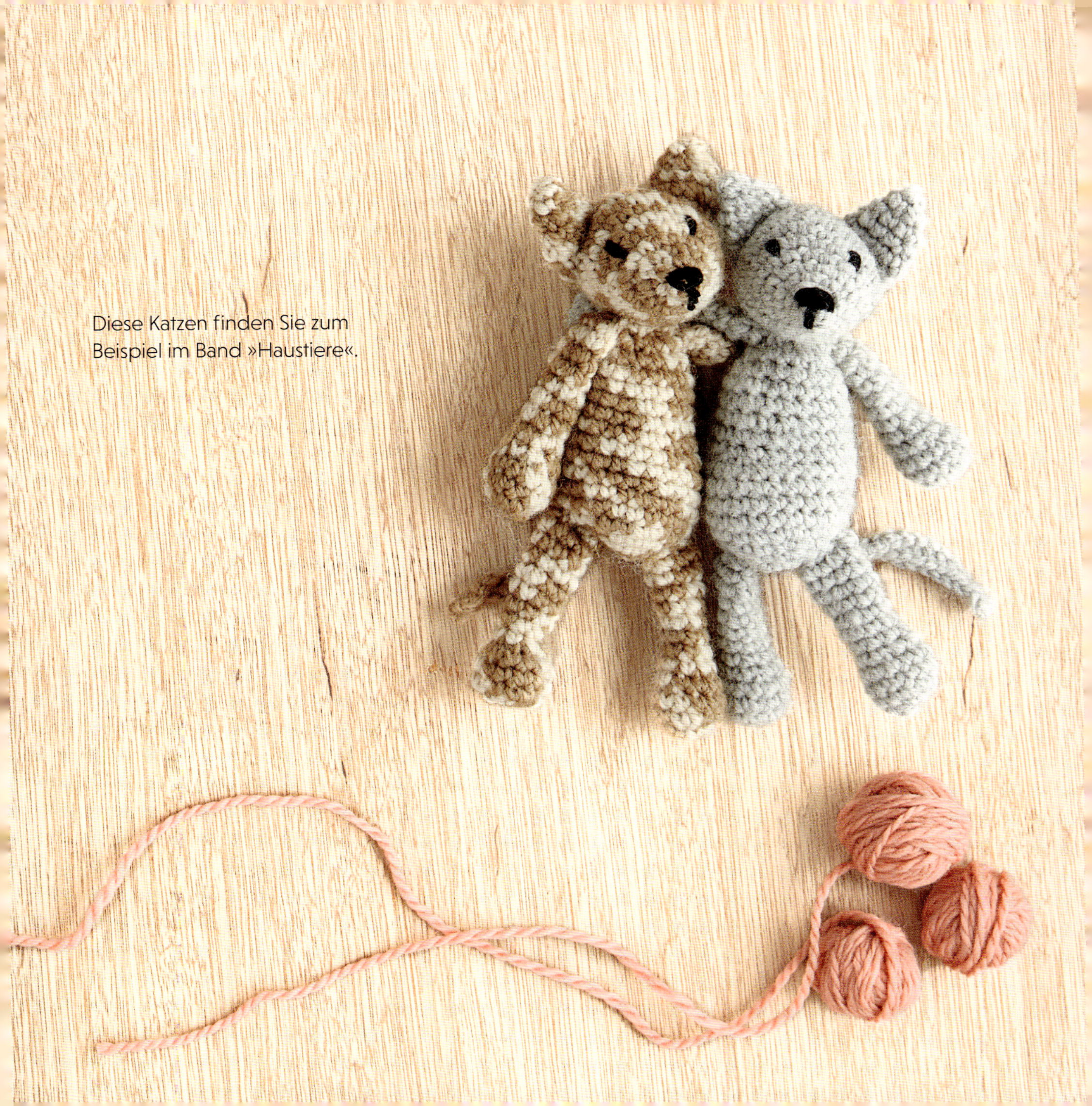

Diese Katzen finden Sie zum Beispiel im Band »Haustiere«.

ZEIGT HER EURE WERKE!

Ich finde es großartig, wie sich die Mitglieder der Online-Community gegenseitig helfen und zu immer neuen Projekten anregen. Unter #edsanimals können Sie Ihre Kreationen posten.

AUF DIESER SEITE SEHEN SIE ARBEITEN VON

@shazam75
@mcginnis.marg
@janawill73

AUF DER RECHTEN SEITE VON

@jamesmakesthings
@vanholsti
@vickirichardsgreen
@jo.lovingcrochet
@twistedlittlestitch77
@izzysdoodles
@pea_green_boat
@zenondebrujas
@hobbit_gen

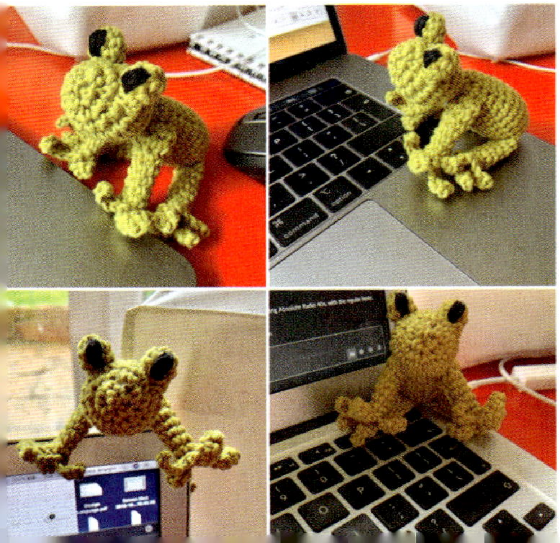

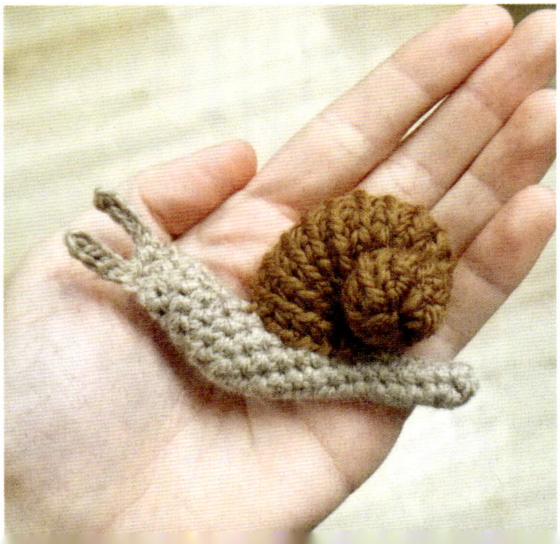

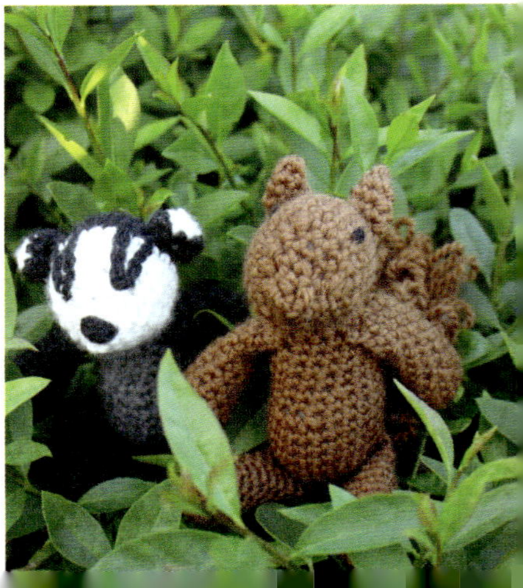

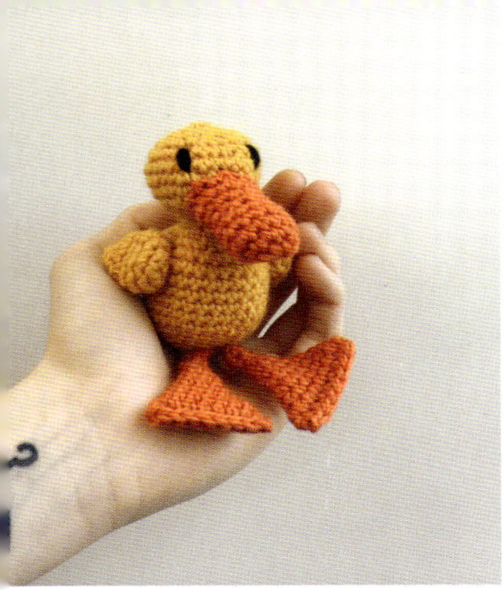
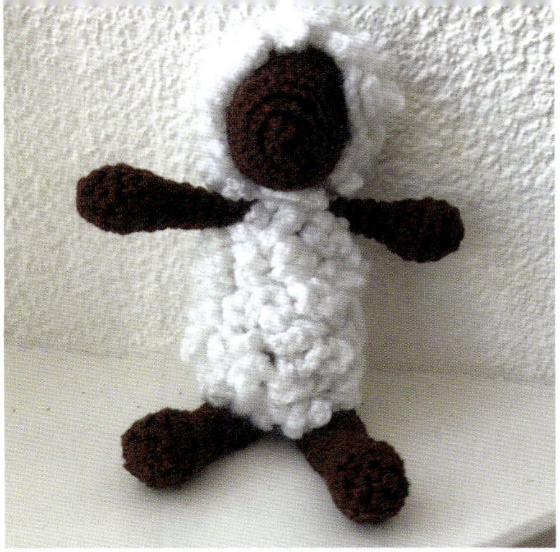
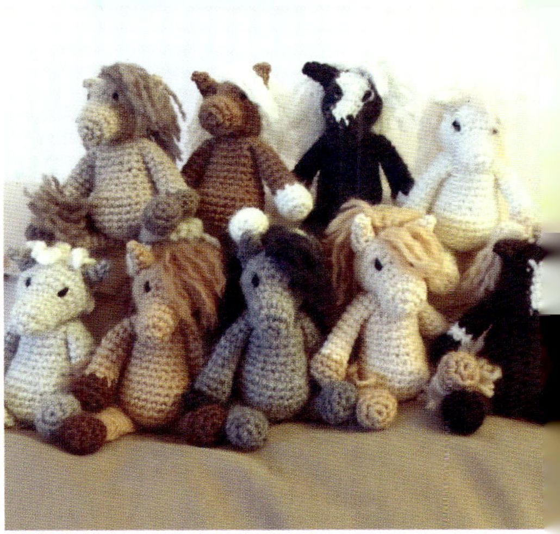
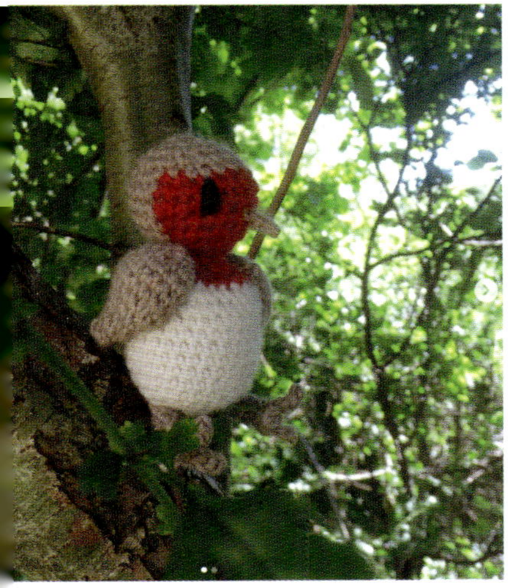
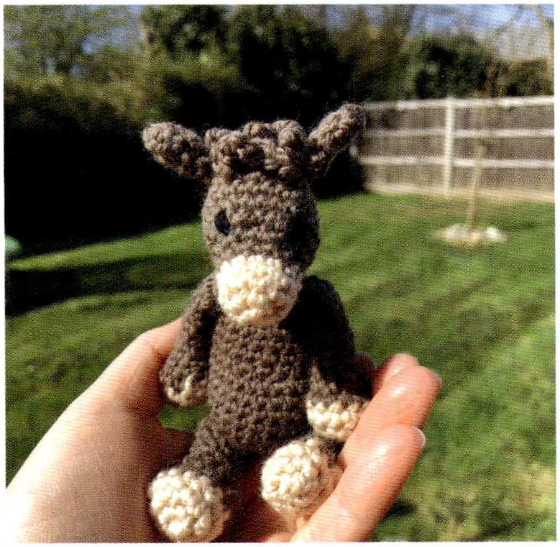
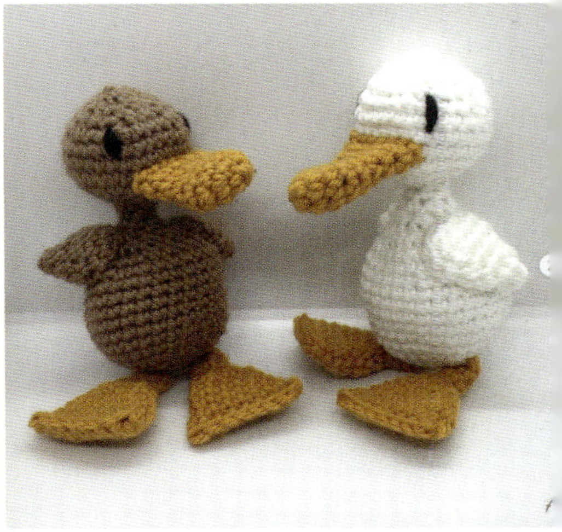
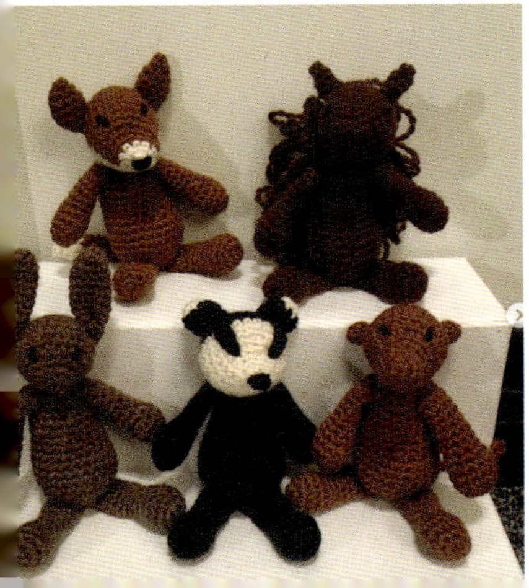
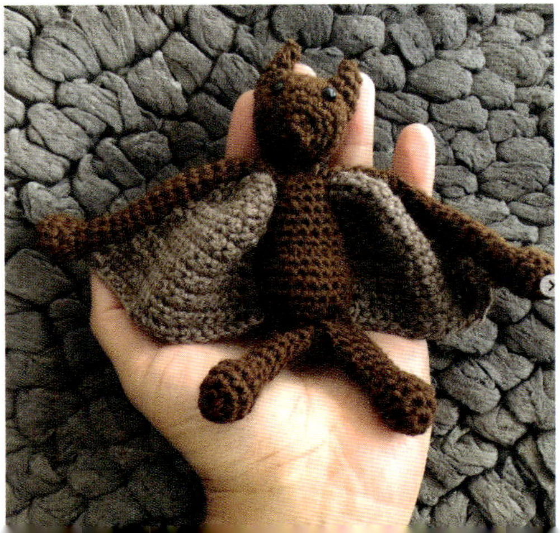
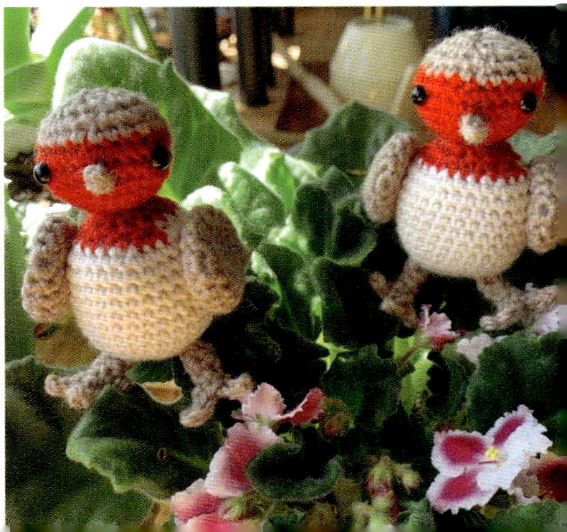

REGISTER DER TIERE

REGISTER DER TECHNIKEN

DANK

Entscheidenden Anteil an der Entstehung dieses Buchs hat Evelyn Birch. Sie hat geduldig meine Hände und meine Häkelnadel in Illustrationen festgehalten, die das Häkelnlernen noch einfacher machen. Ihre Unterstützung bei dieser Serie von Edwards Mini-Tierparade war für mich von unschätzbarem Wert, und ich habe die Zusammenarbeit sehr genossen.

Herzlichen Dank an Evelyn Birch und Rachel Critchley, mit denen ich an verregneten Sommertagen bei Puddingteilchen Ersatzbeine und endlose Schlangen gehäkelt und Muster getestet habe.

Ein besonderer Dank gilt den TOFT–Teammitgliedern Jo Clements, Nathasja Vermaning und Helen Wyatt für flinke Arbeit und saubere Maschen, die auf den schönen Fotos zu sehen sind, sowie Harriet Hart für ihre Liebe zum Detail und den letzten Schliff. Ein noch größerer Dank gebührt dem TOFT–Team (früher und heute), das jeden Tag hart arbeitet, um TOFT–Produkte in die ganze Welt zu liefern, und unseren Kunden hilft, das Häkeln zu erlernen und genauso viel Freude an diesem Handwerk zu haben wie wir selbst. Es ist eine Freude, mit so geschickten und begeisterungsfähigen Menschen zu arbeiten.

Ohne die Unterstützung meiner Familie könnte ich mein wachsendes Unternehmen nicht weiterführen. Daher gilt mein besonderer Dank Doug Lord und meinen Eltern, die es mir weiterhin ermöglichen, meinen Traumberuf auszuüben.

Die Reaktionen meiner beiden Kinder auf meine Häkelkreationen sind mein bester Ansporn. Edward wird größer, seine Koordination und Konzentration verbessern sich, und wahrscheinlich kann er schon bald sein erstes Tier häkeln – vielleicht eins dieser Minis.

Ein letzter Dank geht an alle Fans von Edwards Menagerie und Unterstützer von TOFT. Eure Begeisterung für meine Designs und unsere Garne lässt mich häkeln, so schnell ich kann.

DIE AUTORIN

Kerry Lord ist die Gründerin des britischen Unternehmens TOFT, das sich auf hochwertige Handarbeitsgarne und leicht nachvollziehbare Anleitungen spezialisiert hat. Ursprünglich bot Kerry Komplettsets für trendige Mode an. Dann erschien 2012 ihr erstes »Edward«–Buch, das ein riesiger Erfolg war und Tausenden von Menschen in aller Welt Lust aufs Häkeln machte.

Mit seiner Kollektion interessanter Designs ist TOFT heute auf Handarbeitsmessen und Ausstellungen in aller Welt vertreten. Am Firmenhauptsitz in der englischen Grafschaft Warwickshire finden außerdem regelmäßig Workshops statt. So konnte sich TOFT einen festen Platz in der modernen internationalen Handarbeitsszene erobern.

Um noch mehr Menschen für das Häkeln zu begeistern, tritt Kerry auch auf größeren Handarbeitsveranstaltungen auf, etwa bei einem Workshop mit 350 Teilnehmern im Londoner Natural History Museum, in dem Blauwale gehäkelt wurden, oder einer Wanderausstellung mit über 500 gehäkelten Tieren.

Mehr über Kerry auf Instagram @toft_uk
#edsanimals

www.toftuk.com

Originaltitel: How to crochet animals. Farm

Zuerst veröffentlicht in Großbritannien 2021 von
Pavilion
43 Great Ormond Street
London
WC1N 3HZ

Produktmanagement der deutschen Ausgabe: Mareike Upheber
Übersetzung: Wiebke Krabbe, Damlos
Lektorat und Satz: lesezeichen Verlagsdienste, Köln
Fotografie: Kristy Nobel

frechverlag GmbH, Turbinenstraße 7, 70499 Stuttgart
1. Auflage 2022
ISBN der deutschen Ausgabe: 978-3-7358-7001-8